Spirig · Schürzennäherinnen

Jolanda Spirig

Schürzennäherinnen

Die Fabrikantin und die Kriessner «Mädchen»

CHRONOS

Die Autorin dankt folgenden Institutionen, Korporationen und Unternehmen für die finanzielle Unterstützung:

Kanton St. Gallen Kulturförderung/Swisslos
Rheintaler Kulturstiftung
Gemeinde Oberriet
Ortsgemeinde Kriessern
Raiffeisenbank Kriessern
Alexander Schmidheiny Stiftung
Stiftung zur Erforschung der Frauenarbeit
Dietsche Montageprofis
GK Grünenfelder AG und Albert Grünenfelder, Kriessern
Hugo Dietsche AG, Kriessern
Nuga Systems AG, Balgach
Die Mobiliar, Generalagentur Rheintal

Kanton St.Gallen
Kulturförderung
SWISSLOS

St.Galler Rheintal
Das Chancental
Rheintaler Kulturstiftung

Weitere Informationen zum Verlagsprogramm:
www.chronos-verlag.ch

Umschlag: Thea Sautter, Zürich

4. Auflage Oktober 2024
ISBN 978-3-0340-1143-3

Inhalt

Dank

Ich bedanke mich sehr herzlich bei meinen Interviewpartnerinnen aus Kriessern und Montlingen, die mich so freundlich empfangen haben. Sie haben mir ihre Herzen und Familienalben geöffnet, aus ihrem Leben erzählt und meine Fragen beantwortet. Nicht nur einmal, sondern immer wieder. Ihre Schilderungen haben mich tief beeindruckt.

Max, Ute, Albert, Peter und Susi Kriemler danke ich für das Vertrauen, das sie mir entgegengebracht haben. Sie gaben mir Einblick in Alice Kriemlers Tagebücher und liessen mich in Interviews an ihren ganz privaten Erinnerungen teilhaben.

Ich danke Claudia Hutter für das Buchthema und für die Kontakte zu den Kriessner Näherinnen, Ludwig Weibel für seine wertvolle Hilfe bei der Recherche, Annerös und Paul Leuenberger-Schoch, Ella Steurer-Schoch und Anni Pfister-Rusch für ihre Einschätzungen, meinem Lebenspartner und Erstleser Willi Keller für die kritische Lektüre, Christa Köppel für die Ermunterung, Peter Zünd, Brigitte Schön und Rita Stieger für zusätzliche Fotos, Alois Loser, Boris Tschirky und Alexandra Brunner für Informationen und Kontakte. Elke Dronski danke ich für die Durchsicht des Manuskripts, der Fotografin Sam Thomas für die aktuellen Bilder und dem Team des Chronos Verlags für die engagierte Betreuung.

Klare Konturen

Werfen wir einen Blick auf das heutige Kriessern: Politisch gehört das Rheindorf mit den rund 1700 Einwohnerinnen und Einwohnern am östlichen Rand der Schweiz zur Gemeinde Oberriet. Die Strukturen sind intakt. Zahlreiche Vereine prägen das Dorfleben. Wo einst Kühe weideten, breiten sich Einfamilienhaussiedlungen aus. Die Wirtschaft floriert. Namhafte Unternehmen siedeln sich an. Die Hochtechnologieregion St. Galler Rheintal ist eine der stärksten Wirtschaftsregionen Europas und St. Gallen in 25 Autominuten zu erreichen. Das war nicht immer so. Vor dem Bau der A13, die 1964 als zweispurige Autostrasse eröffnet wurde, lag Kriessern isoliert inmitten der Rheinebene. Die Bahnlinie bediente die Hangdörfer. Bis Oberriet, Altstätten, Rebstein, Widnau oder Diepoldsau waren fünf bis sechs Kilometer zu überwinden. Zu

Drescharbeiten auf dem Sternenplatz.

Torf stechen, 1925.

Magdalena Hutter kocht Ribel auf dem Holzherd, Zwanzigerjahre.

Waschen im Freien.

Paulina Hutter hängt die Wäsche auf.

Ottilia und Paulina Hutter ernten Erbsen.
Die Hutter-Kinder rüsten Bohnen für die Konservenfabrik, um 1940.

Fuss oder mit dem Velo. Und so spielte sich das Leben der älteren Generationen vorwiegend im Dorf ab. Sie wurden hier geboren und sind hier geblieben. Seit der Stickereikrise der Zwanzigerjahre herrschte wirtschaftliche Stagnation am Rhein. Die meisten Familien bauten Gemüse und Getreide an und hielten zwei bis drei Kühe. Die Männer stachen Torf zum Heizen. Die Frauen wuschen im Freien und kochten auf dem Holzherd. Die Kinder hüteten Kühe, ernteten Erbsen und rüsteten Bohnen für die Ostschweizer Konservenfabriken.

In den Vierzigerjahren des letzten Jahrhunderts versorgten vier Kolonialwarenläden, drei Bäckereien, eine Metzgerei, zwei Metzgereiablagen, vier Gasthäuser und ein Schuhladen die damals halb so grosse Bevölkerung. Selbst Leintücher, Schürzen und Medikamente waren in einem der Lebensmittelläden erhältlich. Und bis Ende der Fünfzigerjahre liess man sich auch die Masskleidung oder das Sonntagskostüm im Dorf anfertigen.

Nur wenige Buben und noch weniger Mädchen besuchten die Sekundarschule in Oberriet. Die Familien warteten auf deren Verdienst und schickten die Mädchen nach der Volksschule in die Viscose, Kunstseidefabrik in Widnau, oder in eine der drei örtlichen Nähereien. Wer im Akkord nähte, stand auch für dringende Erntearbeiten zur Verfügung. Die Töchter gehorchten. Notgedrungen die einen, die ihre Ausbildungsträume begruben, leichten Herzens die anderen, die sich keine beruflichen Ziele gesetzt hatten. Noch war Bildung ein Privileg, ganz besonders für Mädchen.

Das Stadt-Land-Gefälle war riesig, weshalb Akris-Gründerin Alice Kriemler-Schoch nach dem Zweiten Weltkrieg im ländlichen Kriessern fand, was in St. Gallen zunehmend rarer wurde: genügend arbeitswillige, schulentlassene junge Frauen, die exaktes Arbeiten gewohnt waren und keine hohen Lohnforderungen stellten.

Neun ehemalige Näherinnen sind hier porträtiert. Sie nannten sich «Kriemlera» – nach ihrer Chefin Alice Kriemler-Schoch, die ihrerseits von den «Kriessner Mädchen» sprach. Das gemeinsame Nähen hat die Kriessnerinnen nachhaltig geprägt. Bis vor fünfzehn Jahren trafen sie sich jährlich reihum zum «Kriemler-Hock», um bis in die frühen Morgenstunden von alten Zeiten zu erzählen und ausgelassen zu feiern.

Wie die Kriessner Näherinnen ist auch Alice Kriemler-Schoch (1896–1972) auf einem kinderreichen Ostschweizer Bauernhof aufgewachsen. Auch sie hat ihre Laufbahn als Schürzennäherin begonnen, doch dabei ist es nicht geblieben. Vor neunzig Jahren, als die porträtierten Näherinnen noch nicht geboren waren, gründete sie ihre Schürzenfabrik in St. Gallen, die sie in den Dreissigerjahren zur Kleiderfabrik erweiterte. Zwischen 1933 und 1972 zeugen vierzehn Tagebücher vom Alltag der engagierten Unternehmerin, Mutter und Grossmutter. Sie hielt Hühner mitten in der Stadt, lotste ihr Unternehmen durch die Weltwirtschaftskrise und den Zweiten Weltkrieg, fuhr noch als Fünfundsiebzigjährige mit ihren Enkelkindern Ski, kochte Holder ein und verteidigte ihre Schürzenproduktion, bis das Schürzentragen aus der Mode kam. In der geliebten Firma, die von ihrem Sohn Max Kriemler weiterentwickelt und neu positioniert wurde, drehte sie bis zum Schluss ihre Runden. Heute wird Akris von der dritten Generation geführt. Während sich Peter Kriemler um Produktion und Management kümmert, präsentiert Albert Kriemler seine Kollektionen auf den Laufstegen der Prêt-à-porter-Schauen in Paris – als einziges Label aus dem deutschsprachigen Raum. Zur Freude der Rheintaler Näherinnen, die den Aufstieg des Modehauses in den Medien mitverfolgen. Sie haben mich mit grosser Offenheit empfangen. Da und dort treffen ihre Erinnerungen auf die Tagebucheinträge von Alice Kriemler-Schoch, die durch ihre Aufzeichnungen und durch die Schilderungen ihrer Familie klare Konturen annimmt.

Marie Baumgartner-Langenegger (1926), Kriessern, bei Akris von 1946 bis 1952

Hochschwanger mit dem siebten Kind

Marie Baumgartner-Langenegger ist im dreigeschossigen Giebelhaus über dem «Büdeli» aufgewachsen. Der Raum mit den grossen Fenstern, wo das St. Galler Konfektionshaus A. Kriemler-Schoch 1946 eine kleine Schürzennäherei einrichtete, war ursprünglich ein Sticklokal gewesen. Dort hatten die Grosseltern Maries Vater als Kind einst zum Fädeln eingesetzt. Später war das Lokal als Metzgereiablage vermietet, und im Zweiten Weltkrieg wurde das Militär im Erdgeschoss einquartiert – zur Bewachung der Rheinbrücke:

Marie Langenegger, etwa drei Jahre alt.

Das «Büdeli» in Kriessern, Fünfzigerjahre.

«Acht bis zehn Männer wohnten hier. Sie schliefen auf Pritschen und deckten sich mit Militärwolldecken zu», erzählt die Sechsundachtzigjährige.

Ende der Zwanzigerjahre lachte die kleine Marie vergnügt in die Kamera, später sass sie am Esstisch der Nachbarfamilie Baumgartner. Vom Krieg merkte sie nicht viel: «Tagsüber waren die Soldaten weg. Wir mussten die Fenster verdunkeln und hörten nachts manchmal die Flugzeuge brummen. Man kündete uns an, wir müssten wegziehen, wenn die Deutschen kämen. Meine kleine Schwester machte ein Bündel mit Kleidern parat, aber ich bereitete mich nicht auf die Flucht vor, schliesslich hatten wir ja auch das ganze Vieh zu besorgen.»

Marie Baumgartners einzige Schwester verunglückte mit dreizehn Jahren auf dem Schulhof beim Fangisspielen in der Pause. Sie rannte in eine schräg stehende Eisenstange, die einen roten Ring auf ihrem Bauch hinterliess.

Marie (Mitte) zu Besuch bei der Nachbarfamilie Baumgartner, Dreissigerjahre.

«Wir riefen den Arzt, aber der lieferte sie erst am nächsten Tag ins Spital ein.» Zwei Tage später starb das Mädchen, die Eisenstange hatte ein Loch in seinen Darm gerissen. Die ältere Schwester erinnert sich genau: «Es war Pfingstsamstag, und ich war achtzehn Jahre alt.»

Nach der Schule hatte die junge Frau bei «Weder-Meier» im rund sechs Kilometer entfernten Rheindorf Diepoldsau fünf Jahre lang Herrenhemden genäht. Als die französischen Truppenverbände gegen Ende des Zweiten Weltkriegs nach Vorarlberg vorstiessen, pfiffen Kugeln über das einstöckige Fabrikationsgebäude und schlugen im Nachbarhaus ein. Die Näherinnen durften ihre Arbeitsplätze verlassen und fuhren schleunigst mit dem Velo nach Hause.

Dorffest 1945: Anna Weder, Marie Langenegger und Rösli Weder.

Marie Langenegger (ganz links) mit Freundin Rösli Weder am Ausflug der Jungfrauenkongregation mit Pfarrer Brunner in Bad Ragaz, 1944.

Die Paspelierungen

Im Sommer 1946, als Akris-Gründerin Alice Kriemler-Schoch die Kriessner Ablage eröffnete, war auch die zwanzigjährige Marie zur Stelle. Zuvor waren die angehenden Näherinnen sieben Wochen lang im grossen Nähsaal des Konfektionsbetriebs an der St. Galler Felsenstrasse ins Schürzennähen eingewiesen worden.

«Anfänglich waren im ‹Büdeli› sieben Näherinnen beschäftigt, später zwölf. Wir sassen einander an einem langen Tisch auf Taburettli gegenüber und stellten Kinderschürzen, Trägerschürzen, Umstandsschürzen, Berufsschürzen und ärmellose Schürzen mit Boleros her. Die Modelle wechselten häufig, aber diese Boleros mochte ich nicht so gerne wegen der aufwändigen Rüschen.

Die ersten Kriessner Näherinnen posieren 1946 vor dem «Büdeli»: Anna Hutter, Olivia Langenegger, Melitha Baumgartner, Klara Dietsche, Anna Jocham, Anni Rusch, Hilda Hutter, Marie Langenegger (von links).

Das erste von sieben Kindern.

Wir nähten nicht den ganzen Tag nur eine Naht, wie das heute üblich ist, sondern stets das ganze Kleidungsstück von A bis Z. Die meisten Schürzen wurden mit Schrägbändern in Kontrastfarben eingefasst. Diese waren auf Rollen gewickelt. Man steppte die Bänder an die Kanten, schlug sie um, rollte sie ein und nähte sie dann genau in der bestehenden Naht auf der Vorderseite an. Dabei war auch die Hinterseite zu erfassen. Exakt und lückenlos. Vorne auf der Einfassung durfte die Naht nicht zu sehen sein, sonst mussten wir alles wieder auftrennen. Ungleiche Nähte fielen bei den kontrastfarbenen Paspelierungen auf. Das war kein Schleck.»

Nach der Akkordarbeit war Maries Arbeitstag noch nicht zu Ende. Abends arbeitete sie im Stall, mit zwanzig hatte sie das Melken gelernt: «Vater schaffte es nicht mehr. Nachdem ihn das Pferd verletzt hatte, fehlte ihm die Kraft in den Händen. Und weil kein Bub da war, blieb die schwere Arbeit an mir hängen.»

Zurück zur Näherei: Die erste Vorarbeiterin hiess Anni Rusch. Sie kam aus St. Gallen und schlief in Maries Zimmer. Später leiteten Kriessner Vorarbeiterinnen die Näherinnen an. «In der Anfangszeit fuhr Alice Kriemler

Maries Eltern: Marie und Adolf Langenegger.

jede Woche nach Kriessern, später nicht mehr so häufig. Wir wurden nicht dauernd kontrolliert und hatten es mehr als gut, schliesslich waren auch die Vorarbeiterinnen ganz normale Arbeiterinnen. Frau Kriemler war eine noble Frau, streng und exakt. Wir hatten ein gutes Verhältnis zu ihr. Sie erzählte uns, ihr Mann sei mit Schuhwichse hausieren gegangen und habe sich dann hinaufgearbeitet. Ihr lag viel daran, dass wir uns richtig ernährten. Vor allem Haferflocken hat sie uns empfohlen. Von Fleisch hielt sie nicht viel.

Wir Näherinnen waren alle etwa im gleichen Alter. Wer schnell war, verdiente mehr, die anderen weniger. Als ich nach fünf Jahren heiratete, heiratete eine nach der anderen. Dann hatten sie plötzlich zu wenig Näherinnen. Heute ist die Firma ja sehr erfolgreich. Ich verfolge die Artikel über Akris in der Gratiszeitung.»

Der Herzinfarkt

Mehr hat Marie Baumgartner beim ersten Besuch nicht zu berichten. Dass ihr Mann nach fünfzehn Ehejahren kurz vor der Geburt des siebten Kindes an einem Herzinfarkt starb, erzählt sie erst nach dem zweiten Besuch beim Abschied zwischen Tür und Angel. Er war Vorarbeiter bei der Rheinbauleitung gewesen und sie hochschwanger mit dem siebten Kind: «Morgens um acht ist es passiert – an seinem Arbeitsplatz im Steinbruch Rüthi. Die Kinder hatten Sommerferien, wir sassen beim Frühstück in der Küche. Da kam der Pfarrer ins Haus. Er trug eine grüne Gärtnerschürze, diese Schürze ist mir noch heute präsent. Es sei etwas passiert, er könne es aber nicht vor den Kindern erzählen, sagte er, und so setzten wir uns in die Stube.» Mehr gibt sie nicht preis vom Tod ihres Mannes. Die Gefühle behält sie für sich.

«Zehn Tage später kam das siebte Kind zur Welt. Erst hatte ich eine Hilfe von der Gemeinde, danach kümmerte ich mich alleine um die Familie. Ich wohnte mit den Kindern im Elternhaus. Geschwister hatte ich keine mehr, und meine Eltern waren auch gestorben. Die Witwen- und Waisenrenten machten knapp tausend Franken aus. Das war Ende der Sechzigerjahre. Wir hatten einen grossen Garten und einen Acker beim Sonnensee, sieben bis acht Aren. Dort baute ich alles selber an. Wenn ich zu viel Gemüse hatte, brachte ich es zur Annahmestelle der Konservenfabrik Bischofszell oder fuhr am Donnerstag mit dem Töffli und dem Anhänger nach Altstätten zum Markt. Beim ‹Schäfli› konnten wir Säcke mit Bohnen zum Spitzeln und Zwetschgen zum Entsteinen holen. Wir mussten drauf, damit wir die Ware anderntags wieder abliefern konnten.

Auch die Gofen halfen mit nach der Schule. Man konnte ihnen nicht alles durchgehen lassen. Man musste streng sein und auf die Füsse stehen, bis alle parierten. Sie packten auch auf dem Acker mit an. Ich sagte ihnen klar und deutlich: ‹Ihr müsst mir helfen, alleine kann ich es nicht machen.› Der Älteste hatte einen Kollegen, der ihn dauernd zum Fussballspielen mitnehmen wollte. Das ging nicht. Ich konnte ihn nicht ziehen lassen. Wir hatten einen Chrampf. Diese Zeit wünsche ich mir nicht zurück.

Meine Mutter starb im gleichen Jahr wie mein Mann. Als sie noch lebte, schaute sie zu den kleinen Kindern, während ich den Acker besorgte. Künftig setzte ich das Zweitjüngste ins Velosesseli, wenn ich ins Ried fuhr, das Kleinste hatte ich unterdessen zum Mittagsschlaf ins Bett gelegt. Nach anderthalb bis zwei Stunden kam ich zurück, nahm es auf und zog es im Schesawagen hinter dem Velo her. Das wäre heute verboten. Aber in den Sechzigerjahren hatte es nicht viel Verkehr. Abends waren die Kinder dann gewöhnlich nicht mehr so sauber.» Marie Baumgartner lacht, und ich stelle mir die erdigen Kinder vor.

1953 wurde das erste Kind geboren, 1955 kam das zweite, 1957, 1959, 1961, 1964 und 1967 die anderen. Wären die Fehlgeburten nicht gewesen, hätte sie den Zweijahresrhythmus auch bei den letzten Geburten beibehalten. «Die Kinder sind einfach gekommen. Bei meiner vorletzten Schwangerschaft meinte der Hausarzt, ich sollte die Pille nehmen. Ich hatte aber keine Ahnung, wo ich mir diese Pille hätte besorgen können.»

Die siebenfache Mutter nähte fast alle Kinderkleider selbst. Bis auf die Bubenhosen mit Schlitz. «Das war mir zu kompliziert. Aber für meine drei

Armin, der Zweitjüngste (Mitte), spielt mit den Nachbarkindern, Ende der Sechzigerjahre.

Mädchen stellte ich jedes Röcklein und jede Schürze selber her. Auch meine eigenen.» Sie trug ihre Schürzen zur Arbeit, beim Einkaufen und zum Rosenkranzgebet in der Kirche. Bis sich die Zeiten änderten: «Plötzlich fiel man auf, wenn man eine Schürze trug.» Immer mehr Kriessnerinnen legten die Schürzen ab, wenn sie das Haus verliessen. Seit zehn Jahren trägt sie auch im Haus keine Schürze mehr.

Der Abriss

1970 beschloss Marie Baumgartner, auf dem hinteren Teil des Grundstücks ein neues Haus zu bauen und das renovationsbedürftige Elternhaus zu vermieten. Ihr Nachbar, Bauunternehmer Hugo Dietsche, unterstützte sie dabei und sie war froh um seinen Rat.

Die Frau mit den kurz geschnittenen, schneeweissen Haaren sitzt im hellen Wohnzimmer mitten auf dem braun gestreiften Sofa vor einem getigerten Katzenfell. Sie hat es an Maria Lichtmess für vierzig Franken auf dem Fellmarkt gekauft. «Man weiss nie, wenn man froh ist drum», hatte sie sich gesagt. Die gestrickten, hellbraunen Handwärmer, die ihre Gichtschmerzen lindern sollen, hat sie ausgezogen. Zu ihren Füssen liegt ein selbst geknüpfter Teppich. Sie hat jahrelang daran gearbeitet – am Feierabend, tagsüber hätte sie dafür keine Zeit gehabt.

«Hoffentlich werfen die Jungen den Teppich nicht gleich weg, wenn ich gestorben bin». Sechzehn Enkelkinder und eine Urenkelin haben sich angesammelt. Die Kinderbilder, Hochzeitsfotos und Porträtaufnahmen sind auf den Wohnzimmerschränken präsent. An der Wand erinnert eine verblasste Luftaufnahme an die elterliche Liegenschaft. Das Haus mit dem «Büdeli» ist zu Beginn der Neunzigerjahre abgerissen worden.

Marie Baumgartner-Langenegger stöbert in der Fotoschachtel.

Melitha Dietsche-Baumgartner (1931), Kriessern, bei Akris von 1946 bis 1955

«Schau mir gut zur Mutter»

«Es gab damals drei Nähereien in Kriessern: Eugster, Metzler und Kriemler. Wohin hätten die jungen Mädchen sonst gehen sollen? Man schickte uns einfach ins ‹Büdeli›. Da brauchte man nicht einmal ein Velo, man konnte zu Fuss hingehen.» Melitha Dietsche lacht: «Ich arbeitete schon dort, als ich vom Alter her noch gar nicht durfte.»

Die Näherinnen 1948: Klara Dietsche, Klementina Langenegger, Anna Jocham, Marita Hutter, Rosmarie Hutter, Olivia Langenegger, Marie Langenegger, Hilda Hutter, Melitha Baumgartner (hinten von links), Rösli Weder, Anna Hutter (vorne von links).

Kriessern mit Blick auf den Alpstein und Oberriet (hinten links).

Als einziges Mädchen ihres Jahrgangs besuchte Melitha Mitte der Vierzigerjahre die Sekundarschule. Ihr Lehrer Wendel Langenegger hatte sich für sie eingesetzt. Nach der zweiten Unterredung lenkte die Mutter ein und Melitha holte die Aufnahmeprüfung nach, «putzalleine mit drei Klosterfrauen». Die von Ingenbohlerinnen geführte, private Mädchensekundarschule war im Oberrieter Rathaus untergebracht. Sie bot bis 1956 zwei Sekundarklassen an, die eine auf der linken Seite der obersten Etage, die andere auf der rechten Seite. Wer die dritte Sekundarklasse besuchen wollte, musste in die Bubenschule wechseln, aber diese Möglichkeit wurde damals nur selten genutzt.

Melithas Schulkollegin war ein Jahr älter. Den gut halbstündigen Schulweg von Kriessern ins sechseinhalb Kilometer entfernte Oberriet legten sie mit dem Velo zurück. «Im Winter, wenn es viel Schnee hatte, mussten wir zu Fuss gehen. Vor sechzig Jahren hatte es hohe Schneewälle, nicht wie heute, und manchmal waren die Strassen noch nicht gepfadet, wenn wir uns auf den Weg machten. Dann sind wir halt anderthalb Stunden durch den Schnee gestapft und kamen zu spät an. Ich ging gerne in die Sekundarschule. Noch lieber hätte ich eine Lehre gemacht. Irgendeine Lehre, egal was, aber ich durfte nicht. Meine Mutter war Witwe. Es hiess: ‹Wir haben kein Geld, du musst arbeiten gehen.›»

«Ich brauche das Geld»

«Lehrer Langenegger hatte mir nach der zweiten Sek eine Lehrstelle als Verkäuferin in einer Toggenburger Metzgerei vermittelt. Erst hatte niemand etwas dagegen, aber als ich mich verabschieden wollte, um ins Toggenburg zu fahren, sagte Mutter: ‹Zieh dich augenblicklich aus und geh in die Bude. Verschwinde!› Ich konnte nicht mal absagen, die Leute im Toggenburg warteten vergeblich auf mich. Dabei hätte ich bei ihnen wohnen können. Der Lehrer kannte die Metzgerfamilie gut, ich hätte es dort recht gehabt. Ich hatte mich auf die Verkäuferinnenlehre gefreut, schliesslich arbeitete ich gerne mit Zahlen und Leuten. Aber janu – im ‹Büdeli› hatte es auch Leute. ‹Du kannst nicht weg›, hat es geheissen. ‹Ich brauche das Geld.› Auch wenn es nicht viel war.
Im ‹Büdeli› war ich bei den Ersten. Die Vorarbeiterin kam aus St. Gallen und hatte ein Zimmer im Haus. Wir mussten uns an die elektrischen Nähmaschinen setzen. Zu Hause hatten wir damals nur einen alten Göppel zum Treten, und anfänglich kamen wir im Akkord oft nicht auf fünfzig Rappen die Stunde. Man konnte doch nicht plötzlich nähen mit einer solchen Maschine! Später wurden die Anfängerinnen im Stundenlohn bezahlt.
Da ich erst vierzehneinhalb war, durfte ich vom Arbeitsamt aus noch gar nicht arbeiten. Wenn die Kontrolleure aus Oberriet kamen, versteckte ich mich oben in der Wohnung, damit sie mich nicht sahen. Doch einmal konnte ich ihnen nicht entwischen. Da hiessen sie mich, die Arbeit niederzulegen, und schickten mich nach Hause. Mutter meinte: ‹Janu, dann ist es auch recht, dann gehen wir grad Mist zetteln.› Am nächsten Tag sass ich wieder im ‹Büdeli› an der Nähmaschine. Es waren harte Zeiten. Weil man nichts hatte daheim, war man auf jeden Franken angewiesen. Wie hätten wir eine Freude gehabt, wenn wir von irgendwoher einen Fünfliber bekommen hätten! Einmal, nur einmal! Wenn uns das Brot ausging und wir kein Geld hatten, sagte Mutter zu uns: ‹Schaut nach, ob die Hühner gelegt haben, dann könnt ihr die Eier gegen Brot eintauschen.› Es war himmeltraurig. Die Witwen bekamen keinen Fünfer.[1] Von keiner Seite. Auch von der Kirche gab es nichts. Ausser ein paar Brotgutscheine aus dem Brotfonds, der vom Pfarr-

1 Witwenrenten wurden erst mit der Einführung der AHV im Jahr 1948 ausbezahlt. Die Höhe der Renten wurde nach den Beitragssätzen der Männerlöhne berechnet.

amt verwaltet wurde.» Dafür mussten die bedürftigen Kinder in der Adventszeit morgens um sechs den Rorategottesdienst besuchen und danach in der ungeheizten Kirche fünf Vaterunser für das Seelenheil der Stifter beten. Auch Melitha und zwei ihrer Brüder haben für Brot gebetet. Immer dann, wenn das Täfelchen «Brot» beim Pfarrstuhl angelehnt war. Ab und zu kam der Pfarrer zu ihnen nach Hause: «Wenn er in die Küche trat, hob er den Deckel von der Ribelpfanne und fragte, was wir kochen. Im Grunde genommen war er ein lieber Pfarrer, aber wenn ich zurückschaue, denke ich, er hätte uns besser einen Fünfliber vorbeigebracht, als zuzuschauen, wie wir dreimal am Tag immer nur Ribel essen.

Wenn es ausnahmsweise einen Stumpen zum Zmittag gab, rädelten wir ihn so, dass es für jeden zwei Scheiben gab. Und dann schauten wir alle ganz genau hin, damit keiner mehr im Teller hatte. Heute würde man sagen: ‹Sowas gibt es gar nicht.› Aber wir waren nicht die Einzigen, die so arm dran waren. Es ging uns vor sechzig, fünfundsechzig Jahren genau so wie heute den Schwarzen in Afrika, wenn nicht noch schlimmer. Seither ist ein riesiger Wandel passiert. Aber wir haben es geschafft.»

Ein einzelnes Vorhänglein

«Wenn sie heute für die Winterhilfe sammeln, schicke ich sie weg. Sie sind nicht schuld, aber ich gebe ihnen keinen Rappen. Früher wurde der Fonds der Winterhilfe von der Pfarrköchin verwaltet. Da bekamen wir doch tatsächlich einmal ein Paket. Aber was war drin? Ein einzelnes Vorhänglein für eine einzige Fensterscheibe. Nur für eine! Das nützte uns nichts. Ich glaube, da war auch noch eine Bluse dabei. Mutter sagte: ‹Pack das zusammen, kannst es dem Pfarrer gleich wieder bringen!› Also brachte ich das Paket zurück. Sie hatten auch andere Sachen. Sie haben ja die schönsten Pullover verteilt. Aber nicht an die ärmsten Familien. Die kamen nicht dran. Es war damals schon so, und heute ist es noch dasselbe. Die Ungerechtigkeit auf dieser Welt ist noch immer gross. Wir haben alle gearbeitet und sind trotzdem durchgekommen.

Nach der Schule mussten wir zu Hause helfen, und wie. Bei den Aufgaben unterstützte uns niemand. Auch in der Sekundarschule nicht. Es hiess einfach: ‹Mach deine Aufgaben!›, und fertig.

Wir hatten kein Geld, um den Boden pflügen zu lassen. Das machten wir alles von Hand. Im Herbst stachen wir mit der Mutter in einer Reihe jeden Acker um. Manchmal mussten wir auf die Schaufel springen, damit wir sie in den Boden brachten. Damals hatten wir noch keine Kuh, um einen Pflug oder einen Wagen zu ziehen. Wir säten Rüebli, steckten Bohnen und Erbsen an. Ganze Äcker voll. Dann krochen wir tageweise durch die Krautreihen und rissen das Unkraut aus. Bei der Ernte zogen wir den Brückenwagen mit den Rüebli hinter uns her, und zu Hause schnitten wir das Kraut ab. Die Rüebli wurden von der Konservenfabrik an der Sammelstelle abgeholt. Auch die Erbsen und die Bohnen.

Wenn Mutter die grossen Felder mähte, halfen ihr manchmal zwei Schwäger aus. Sie ging hinter ihnen her mit der Sense und mähte die grössten Streifen weg. Stundenlang. Genauso schnell wie die Männer. Ein Wunder, dass sie so alt wurde bei der schweren Arbeit.

Auf der anderen Seite war es doch eine schöne Zeit. Am Abend nach der Arbeit durften wir noch eine Weile aufbleiben und Fangis spielen. Die Nachbarin war auch Witwe. Sie hatte zwei Kinder. Das Mädchen war eine Lustige. Erst setzten wir uns auf den Zaun. Dann sangen wir und danach jagten wir einander um die Häuser. Das war das grösste Vergnügen, das wir hatten. Es war das einzige, aber es war schön. Vermutlich hatten wir damals die bessere Zeit als viele reiche Kinder heute, die fast untergehen in ihren Spielsachen und Computern. Sie können nicht mehr die gleiche Freude empfinden wie wir damals.

Später hatten wir Kühe. Am Morgen brachten wir sie auf die grosse Ortsgemeindeweide, wo sie von den Thurnherr-Kindern gehütet wurden. Am Feierabend trieben sie das Vieh durchs Dorf, und wir konnten unsere Kühe wieder abholen. Die Thurnherrs hatten auch nicht viel, aber immerhin hatten sie noch einen Vater, der einen Zahltag heimbrachte.

Mein Vater war Senn gewesen. Er hat im Sommersberg oben gearbeitet wie sein Grossvater. Vater war auch in der Viscose gewesen, aber nur für kurze Zeit. Er hat die ungesunde Fabrikarbeit nicht ertragen. Da er unter starken Kopfschmerzen litt, ging er wieder auf die Alp. Aber einen rechten Zahltag gab es dort nicht. Man sagt der Familie heute noch Sennes. Sennes Christ, Sennes Paul, Sennes Leonhard, Sennes Hans. Die Familie blieb im Dorf.»

Nebeneinander auf dem Friedhof

Im Winter 1937 fällte Melithas Vater mit dem Nachbarn Bäume auf dem Kirchplatz. Dabei zogen sich beide eine Lungenentzündung und eine Brustfellentzündung zu. «Man hatte noch keine Antibiotika damals. Wenn einer die Lungenentzündung hatte, überlebte er nur mit Glück. Vater starb daran und der Nachbar starb auch. Sie lagen nebeneinander auf dem Friedhof.» Das jüngste der fünf Kinder war sieben Wochen alt. Der Älteste ging in die zweite Klasse, Melitha in die erste.

«Und wovon sollten wir nun leben?», wirft Melitha Dietsche ein. «Mutter sagte oft: ‹Wir mussten das alte Bauerngut vom Schwiegervater übernehmen mit all den Schulden.› Und die wurden nicht abbezahlt in den acht Jahren, in denen sie verheiratet waren. Sie musste das kleinste Kind in eine Pflegefamilie am Bodensee geben und als Frau extrem hart arbeiten. Kein Mensch hätte ihr etwas gegeben. Einmal sprach ich mit dem Pastoralassistenten. Er konnte nicht verstehen, dass die Kirche damals nicht geholfen hat. Sie hätten doch Fonds gehabt, meinte er. Ein einziger Fünfliber hätte schon ein paar Pfünder Brot gegeben. Aber es war einfach so. Die Kirche bot damals keine Unterstützung an. Es ist verrückt, wir hätten verstrupfen können. Wenn Zahltag war von den Rüebli und den Erbsen, die wir den Konservenfabriken ablieferten, konnte Mutter das Geld im ‹Schäfli› oder im ‹Sternen› abholen. Jesses Mareia. Dann kam sie nach Hause und brachte uns einen Nussgipfel mit! Anderntags lieferte sie das Geld bei der ‹Biene›[1] ab. Später sagte sie zu uns: ‹Ich musste den Zins bezahlen, damit man uns nicht auf die Strasse stellen kann.› Danach hatte sie wieder kein Geld, aber sie wusste: Der Zins ist bezahlt, man kann uns nicht aus dem Haus werfen. ‹Uns wirft man sofort hinaus, wenn ich nicht zinsen kann.› Das bekamen wir oft von ihr zu hören. Jesses Gott, nein nein! Man hätte ihr die Kinder weggenommen, wenn sie auf der Strasse gestanden wäre.

Meine Mutter war streng, aber es war damals auch an anderen Orten streng. Das ist einfach so, wenn man so hart arbeiten muss. Sie konnte uns nicht hundertmal rufen, bis wir kamen. Man musste gehorchen. Süssigkeiten hatten wir mit Ausnahme des Nussgipfels nie, keine Schokolade, gar nichts. Auch zu Weihnachten gab es keine Geschenke. Bei der Gotte und beim Götti konnte man an Neujahr seinen Rappen holen. Das war's. Es ist schwer, wenn man die Bedürfnisse der Kinder nicht erfüllen kann, weil kein Geld da ist.»

Zwanzig Rappen

«Als ich in der zweiten Klasse war und Edwin in der dritten, nahm er der Mutter zwanzig Rappen aus der Tasche und ging damit zur Bäckerei. Er kaufte Karamellbonbons und teilte sie mit uns Geschwistern. Doch die Bäckersfrau verriet ihn und fragte die Mutter, woher der Bub den Zwanziger

1 Regionalbank.

Erbsenabgabe bei Augustin Hutter.

Erbsenladungen vor dem Abtransport in die Konservenfabrik Roco.

genommen habe. Da bekam er Prügel. Wir mussten zuschauen, wie er geschlagen wurde, dabei hatten wir alle von den Bonbons gegessen. Es ging um zwanzig Rappen. Für sie war es ein Zwanziger. So war es. Wenn es genügend Zwanziger gegeben hätte, hätte man ihn nicht verhauen.

In der sechsten Klasse arbeitete ich in den Ferien als Hütemädchen bei Verwandten. Ich musste aufpassen, dass die Kühe nicht heim in den Stall liefen, wenn sie zu heiss hatten oder wenn sie von den Bremsen geplagt wurden. Sie durften auch nicht auf fremden Parzellen weiden. Vor der Melioration[1] waren die Grundstücke sehr schmal und von Gräben durchzogen. Da frassen die Tiere plötzlich auf der falschen Wiese, wenn man nicht achtgab. Mein Gott. Auch beim Rhein draussen musste ich das Vieh hüten, was ich nur ungern tat. Ich hatte Angst, die Kühe könnten mir ins reissende Wasser stürzen. Wenn mir eine Kuh ertrunken wäre, hätte ich mich nirgendwo mehr blicken lassen können.

Zum Hüten gehörte auch die Verpflegung. Ich konnte bei den Verwandten essen. Geschlafen habe ich zu Hause. Und im Herbst gab es als Zahltag ein Paar Schuhe. Daheim war man froh, wenn eines weniger am Tisch sass. An einem Sonntag wollte ich lieber zu Hause essen, aber mein Bruder vertrieb mich. Er stellte mir nach, bis ich wegblieb. Wenn ich nicht mit am Tisch sass, hatte er mehr im Teller. Damals hatten die Bauern bei uns höchstens vier oder fünf Kühe, nicht solche Mengen wie heute. Jedes Haus hatte einen Stall, und fast jede Familie hatte eine oder zwei Kühe.»

«Sie schmiss den Karren»

«Als ich im ‹Büdeli› anfing, durfte ich noch nicht nach St. Gallen, erst später, als ich Vorarbeiterin wurde. Bei Kriemler an der Felsenstrasse gab es einen grossen Saal, wo zwanzig bis dreissig Frauen an den Nähmaschinen sassen. Ich nähte dort die neuen Modelle, damit ich genau wusste, wie sie die Schürzen haben wollten. Abends kehrte ich mit dem Zug ins Rheintal zurück. Das Velo hatte ich in Heerbrugg stationiert.

Ich war die vierte Vorarbeiterin und kam gleich nach Klara Dietsche, die bis zur Heirat geblieben war. Frau Kriemler hatte mich ermuntert, die Stelle zu übernehmen. Sie war gut zu mir, eine liebe Frau. Manchmal brachte sie mir

1 Der Zeitaufwand für die Bewirtschaftung der weit verstreuten, schmalen Parzellen war ernorm. Im Zuge der 1941 beschlossenen Melioration der Rheinebene wurden die Grundstücke zusammengelegt und drainiert. Die Meliorationsarbeiten erstreckten sich über neunzehn Jahre.

Kuhweiden beim Rhein (rechts), schmale Äcker vor der Güterzusammenlegung (links oben), Fünfzigerjahre.

von ihrem gesunden Vollkornbrot mit. Sie kam meistens mit dem Zug und dem Postauto und blieb manchmal den ganzen Tag hier. Sie hatte mit einer einzigen Nähmaschine angefangen und wusste, was es heisst, wenn man wenig Geld hat. Ihr Mann starb früh. Sie hatte zwei Buben, den Max und den Ernst. Sie musste da durch, und sie schmiss den Karren drinnen und hier draussen. Eine fleissige Frau, die richtig krampfen konnte, sauber, einfach und korrekt. Sie hat etwas auf die Beine gestellt und inzwischen ist es ein renommiertes Geschäft. Wenn ich die heutige Generation in den Medien sehe, denke ich: ‹Habt ihr es so schön. Wenn ihr wüsstet, wie es bei uns zu und her ging!› Sie würden es nicht glauben. Ernst war der lebendigere, Max war viel ruhiger. Manchmal begleitete er seine Mutter nach Kriessern.

Hier nähten wir damals noch keine Kleider, nur Berufsschürzen, Schlupfschürzen ohne Ärmel, schöne Träger- und Kinderschürzen. Auch Blusen zwischendurch. Wir hatten gute Näherinnen. Verkauft wurde alles von St. Gallen aus. Sie belieferten die Textilgeschäfte. Damals hiess es noch A. Kriemler-Schoch, nicht Akris. In den Schürzen hatte es keine Namenszüge drin, nur die Grössenbezeichnungen nähten wir ein: 42, 44 und so weiter. Als Vorarbeiterin sass ich nicht mehr an der Maschine. Ich schrieb die Stunden auf, füllte Formulare aus und achtete darauf, dass immer genug Ware da war, damit die Arbeit nicht ausging. Der Stoff kam fertig zugeschnitten an, aber Stoffresten gab es trotzdem. Man warf sie in den Lumpensack und durfte sich dort bedienen. Ich musste auf alles achten. Wenn eine rief: ‹Ich brauche das und das›, sorgte ich dafür, dass sie es bekam. Die einzelnen Maschinen wurden mit dicken Rundriemen angetrieben, die häufig rissen. ‹Die Sukoga hät's all pott verjagt.› Dann musste man sie mit Klammern wieder zusammenfügen. Wenn es nicht richtig rund lief, wurden die Näherinnen ungeduldig, weil sie den Akkord nicht zustande brachten. Und manchmal kam es vor, dass bei einer Maschine ständig der Faden riss. Man nähte ein Stück und schon riss er wieder ab. Wir bastelten daran herum, bis die Maschine wieder richtig lief.» Melitha Dietsche lacht aus vollem Hals. «Und wenn eine Maschine kaputtging, meldeten wir es in St. Gallen, dann wechselten sie den Maschinenkopf aus.»

Auch die Nachkontrolle gehörte zu ihren Aufgaben. Sie prüfte, ob die Ware korrekt genäht war, ob die Kanten alle schön paspeliert waren und keine Nähte offen standen. War etwas zu beanstanden, gab sie die Schürze an die Näherin zurück. In St. Gallen wurde die Ware nochmals kontrolliert. «Alice Kriemler war sehr exakt. Ab und zu riefen sie an, um uns auf Fehler und heikle Stellen hinzuweisen. Um vier, halb fünf packte ich die fertig genähten Schürzen in eine lange Schachtel und trug sie zur Post. Jeden Tag, im Sommer und im Winter, ob schwer oder leicht. Damals wurde der Postbetrieb gegenüber der Bäckerei Kobler neben der Kolonialwarenhandlung Hutter in einem kleinen Raum abgewickelt.

Wir arbeiteten neundreiviertel Stunden pro Tag und dazu am Samstagvormittag. Am Samstagmittag nahmen wir die Scheren mit nach Hause. Zum Kleiderflicken. Dafür hatte Mutter keine Zeit. Wir hatten eine Phoenix-Tretmaschine, die Mutter zum Nachsticken benutzte. Zum Flicken wechselten wir einfach das Füsschen aus. Wir flickten alles bis zum Gehtnichtmehr, auch die Überhosen der Buben. Und weil sie so schön scharf waren, arbeiteten wir am liebsten mit unseren ‹Büdeli›-Scheren. Damit es kein Loch gab im Schürzenstoff, steckte ich die Schere mit der Spitze nach oben in die Tasche, als ich

von der Arbeit nach Hause ging. Beim Gehen schwenkte ich die Arme und zerschnitt mir dabei die Handfläche. Ich musste gleich zum Doktor Savary[1] nach Montlingen, und der nähte mir die Wunde mit ein paar Stichen.
Wir hatten viele schöne Stunden im ‹Büdeli›. Wir sangen beim Nähen, bis wir keine Lieder mehr wussten.»
«Ratterte es nicht zu stark?»
«Wenn sieben oder acht sangen, hörte man es trotzdem. Wechsel gab es kaum, die meisten blieben bis zur Heirat. Fürs Dorf war es gut, dass es diese Arbeitsstellen gab, und für uns auch. Der Zahltag war wertvoll. Wenn man Übung und schöne Arbeit hatte, gab es einen rechten Zahltag. Manche vernähten an einem Tag ein schönes Geld, sofern es gut lief. Wir gaben den Zahltag ab und bekamen bis zur Heirat jeden Monat einen Fünfliber Taschengeld. Davon mussten wir alles kaufen, was wir für unseren persönlichen Bedarf brauchten.»
Melitha Dietsche heiratete 1955. Die Mutter kaufte ihr das Schlafzimmer, die Stube mit Buffet, Tisch und Couch. «Und sonst nichts. Auch für die Küche nichts. Es hiess: ‹Dein Mann ist Schreiner. Er kann Tisch und Stühle selber schreinern.›» Sie zeigt auf die Küche: «Und das hat er auch getan.»
Alice Kriemler war zur Hochzeit eingeladen und blieb den ganzen Tag: «Sie bat mich weiterzuarbeiten und bot mir fünf Franken Stundenlohn. Ich sagte zu ihr, ich würde gerne bleiben, aber meine Mutter hatte andere Pläne: ‹Kommt nicht in Frage›, sagte sie, ‹du musst mir auf dem Acker helfen.› Ich dachte, ich könne nicht einfach arbeiten gehen und sie alleine krampfen lassen. Dabei hätten wir den Fünfliber doch so nötig gehabt. Ich gehorchte der Mutter noch lange Zeit.» Melitha Dietsche konnte nicht anders. Sie hatte es ihrem Vater auf dem Totenbett versprochen.

Vaters Hand

«Als mein Vater mit dieser schweren Lungenentzündung im Bett lag, weinten meine Mutter und die Tante. Da merkte ich, dass etwas nicht stimmte. Und dann hiess es: ‹Jetzt geht rein zum Dätti und sagt ihm Adieu.› Da gingen wir alle vier Grösseren in einer Reihe hinein und gaben ihm die Hand. Ich sehe ihn noch heute ganz erschöpft im Bett liegen. Das ist mir so präsent. Es ist fast so, als wenn ich diese Hand noch einmal ergreifen würde.»

1 Josef Savary, ab 1948 Allgemeinpraktiker in Montlingen.

Sie streckt mir ihre Hand hin. Die Wanduhr tickt.

«Da sagte er zu mir: ‹Melitha, schau mir gut zur Mutter.› Das gab den Ausschlag. Deshalb ging ich nicht mehr zurück ins ‹Büdeli›, als ich heiratete, obwohl mir Alice Kriemler fünf Franken Stundenlohn offeriert hatte. ‹Schau mir gut zur Mutter›, hatte er gesagt. Deshalb dachte ich: ‹Ich kann sie doch nicht alleine krampfen lassen.› Wahnsinn, vier kleine Kinder gehen zum Vater und sagen Adieu! Zu meinem Bruder hat er das nicht gesagt. Dabei wäre er ein Jahr älter gewesen. ‹Melitha, schau mir gut zur Mutter.› Ich habe es noch immer in den Ohren. Ich spüre auch seine Hand. Die Beziehung zu meinem Vater war sehr eng. In all den Jahren, auch heute noch. Ich besuchte ihn jeden Tag auf dem Friedhof und redete mit ihm. Das ist er. Das ist er auf dem Foto dort oben an der Wand. Der Mann mit dem Schnurrbart.»

«Ein sanftes Gesicht. Kein strenger Vater.»

«Nein, er war kein strenger Vater, aber er war nicht oft zu Hause, im Sommer war er ja auf der Alp. Er war ein guter Mann gewesen. Meine Tanten sagten oft, er habe die Mutter auf Händen getragen.

Was ich auf diesen Friedhof gepilgert bin! Jeden Sonntag hatte er einen frischen Blumenstrauss auf dem Grab. Eine Frau sagte mal zu mir: ‹Mein Gott, Möatali, du bist ja immer auf dem Friedhof!› Ich höre sie jetzt noch. Ich sagte: ‹Hier bin ich bei ihm.› Ich habe heute noch eine starke Bindung zu meinem Vater. Meine Schwester Anita stand der Mutter näher.»

«War das Verhältnis zur Mutter schwierig?»

«Was soll ich sagen, das Leben und die viele Arbeit haben sie hart gemacht. Man stelle sich vor: Fünf Kinder und der Mann stirbt! Meine Mutter hatte ein himmeltraurig hartes Leben, aber sie hat es recht gemacht und wir sind ziemlich gut durchs Leben gekommen. Deshalb sage ich heute oft zu den Jungen: ‹Lernt, lernt, geht zur Schule! Macht weiter, wenn ihr könnt.› Sie meinen dann: ‹Jetzt kommt die Grosi wieder damit!› Und ich sage: ‹Oh, wenn ihr wüsstet, wie gerne ich weiter in die Schule gegangen wäre!› Noch mit fünfzig sagte ich: ‹Ich würde in die Schule gehen, wenn ich könnte.›»

Melitha Dietsche zog drei Kinder auf. Sie nähte und strickte alles für sie: «Jedes Pyjama, jedes Schürzchen, jedes Jupelein. Meine Sachen nicht. Beim Zuschneiden kannte ich mich nicht aus. Das hatten wir nicht gelernt. Eine Zeitlang nähte ich noch Höschen für die Firma Eugster, aber ich hatte ja nur eine Tretmaschine. Und ausserdem arbeitete ich viel zu exakt. Ich dachte, er müsse es überall vorführen können. Dadurch verdiente ich zu wenig. Da sagte ich: ‹Das lohnt sich nicht. Fertig.›»

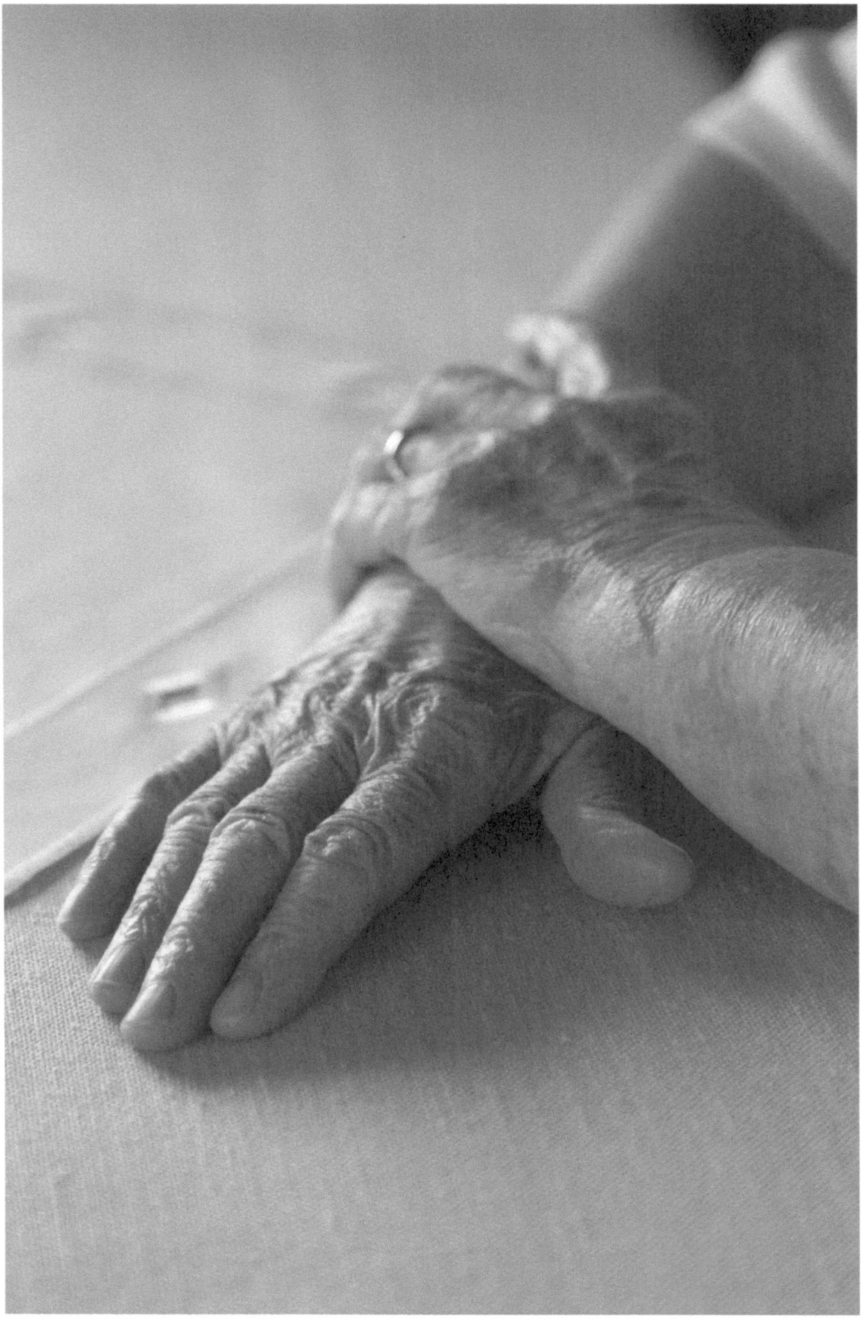

Melitha Dietsche-Baumgartner.

**Anna Wüst-Jocham (1929), Montlingen,
bei Akris von 1946 bis 1949**

Unter Beobachtung

Anna Wüst-Jocham steht vorne auf dem Gruppenfoto, auf dem die ersten Schürzennäherinnen vor dem «Büdeli» posieren. Sie hält den Kopf leicht geneigt und trägt als Einzige keine Schürze. Weil sie sich am Finger verletzt hat, arbeitet sie an diesem Tag nicht. Die grossen, hellblauen Augen, die den Blick der dreiundachtzigjährigen Frau zum Strahlen bringen, kommen auf dem alten Schwarzweissbild nur andeutungsweise zur Geltung.

Anna Wüst-Jocham.

Die gebürtige Kriessnerin empfängt mich in ihrem Montlinger Haus, das sie mit ihrem längst verstorbenen Mann 1956 gebaut hat. Wir setzen uns ins Esszimmer. Auf dem Beistelltisch ist ein Porträt des Ehemanns zu sehen, an der Wand ein Bild der alten Kriessner Holzbrücke. Auf dem Schrank wacht neben Kinderfotos eine kleine Gipsmadonna über das Geschehen.
Anna wuchs mit einem jüngeren und einem älteren Bruder im Kriessner Oberdorf auf. Die Brüder absolvierten eine Lehre, doch die siebzehnjährige Anna durfte die geplante Haushaltlehre nicht antreten. Die Familie wartete auf ihren Verdienst.
Und so nähte die junge Frau wochentags Schürzen für Alice Kriemler-Schoch. Am Samstag putzte sie das Haus und arbeitete auf dem Feld. Den Verdienst gab sie ab. Aus dem kargen Taschengeld kaufte sie sich Strümpfe und andere Dinge für den persönlichen Bedarf.
«Wir waren mit wenig zufrieden. Wir sangen und gingen mit den Kolleginnen am Rhein spazieren. Vom ‹Büdeli› weiss ich nicht mehr viel. Ich nähte gerne. Wir hatten ein sehr schönes Verhältnis. Ab und zu fuhren wir am Sonntagnachmittag mit dem Velo nach Altstätten und kehrten dort ein. Unsere Konsumationen bezahlten wir mit dem Lumpengeld, das uns der Lumpensammler für die Stoffresten gab. Dieses Geld durften wir behalten. Manchmal kam Alice Kriemler vorbei. Eine tüchtige Geschäftsfrau. Sie zog zwei Söhne gross und brachte die Firma in die Höhe.»

Sonntagsspaziergang am Rhein: Anna Jocham (links).

Heriberts Laden mit Paulina Hutter (rechts).

Laden von Katharina Dietsche.

Keine Früchte in Kriessern

1947 erkrankte Annas Vater an Magenkrebs: «‹Gebt ihm, was er verlangt›, hatte uns Doktor Ritz geraten, als es mit Vater zu Ende ging. Er wünschte sich Früchte, aber in Kriessern konnte man damals keine Früchte kaufen. In keinem der vier Lebensmittelläden. Weder bei Heriberts noch bei Matthises, weder bei Dietsches noch bei Hermannes. Die Kriessner hatten alle eigene Äpfel, Birnen und Zwetschgen, und sonst gab es keine Früchte. Um für meinen kranken Vater Trauben oder Orangen zu kaufen, musste ich nach der Arbeit extra mit dem Velo nach Altstätten fahren.»

Als der Vater mit dreiundfünfzig Jahren starb, deckten die achtundvierzig Franken Witwenrente nicht mal den Hauszins. Die Mutter stickte nach, ging waschen und putzen, baute Erbsen und Bohnen an. Eine Kuh lieferte Milch und warf ab und zu ein Kälblein. Das brachte etwas Geld in die knappe Haushaltskasse. Und da war, zum Glück, der Zahltag von Tochter Anna.

Doch das Schürzennähen sollte für Anna Jocham nicht von Dauer sein. Die Mutter hatte andere Pläne für ihre Tochter: «Sie fand, ich solle in der Viscose arbeiten wie früher mein Vater. Ich könne dort mehr verdienen, ausserdem gebe es in der Fabrik Schichtzulagen.» Anna war zwanzig und gehorchte. Wenn sie Frühschicht hatte, kam der Personalbus um fünf Uhr dreissig, für die Spätschicht nahm sie den Bus um dreizehn Uhr dreissig.

«Wir kontrollierten die Strangen, die aus dem Trockenofen kamen, und packten die Spulen in die Versandkisten. In der Freizeit besuchten wir Schneid- und Nähkurse. Den Stoff konnten wir im Fabrikladen günstig einkaufen. Ich blieb dort, bis ich heiratete.»

Die Leintücher für die Aussteuer kamen aus Dietsches Laden neben der Schule, wo es nicht nur Lebensmittel, sondern auch Bettwäsche, Schürzen, Handtücher und Stoff zu kaufen gab. «Eine Frau aus Oberriet bestickte mir die Oberleintücher mit meinem Monogramm. Die Unterleintücher habe ich heute noch.»

Der Mann ist längst tot: «Er war Freileiter bei Elektro Kolb. Beim Abbruch einer Elektroleitung in Sargans fiel er mit der Stange ins Geröll. Man brachte ihn ins Spital, wo er nach anderthalb Stunden starb – an den Gehirnquetschungen, die er sich beim Sturz zugezogen hatte.» Der Ehemann war noch keine achtunddreissig Jahre alt, das Paar knapp zehn Jahre verheiratet, die Kinder drei-, sechs- und achtjährig.

Eine schwere Zeit

«Das war eine schwere Zeit mit drei kleinen Kindern. Die jungen Witwen standen sehr unter Beobachtung. Waren die Männer gestorben, mussten die Frauen zu Hause bleiben. So dachten die Leute damals. Man registrierte genau, wer ein und aus ging. Auch ich war nur selten im Ausgang. Von der Unfallrente und der Witwenrente konnte ich leben. Es war wenig, aber

zusammen mit dem Geld, das ich mit dem Gemüse und der Heimarbeit verdiente, reichte es. Ich steckte an. Auf Ortsgemeindeboden. Als Ortsbürgerin musste ich die dreissig Aren nicht verzinsen. Die Gurken und Bohnen lieferte ich der Konservenfabrik Bischofszell ab. Man sagte, es sei für die Migros.
Dazwischen machte ich Heimarbeit für die Näherei Eugster. Erst nähte ich Farmerhosen für Kinder und später gesteppte Nylonskijacken. Mit dem Zusatzverdienst konnten meine beiden Töchter im Kurhaus Oberwaid in St. Gallen eine Ausbildung machen. Die eine absolvierte dort eine Lehre als Köchin, die andere besuchte die Haushaltungsschule, bevor sie eine Lehre als Verkäuferin antrat. Bis dahin nähte ich ihnen alle Kleider selbst. Den Sohn schickte ich nach Vilters ins Institut Sonnenberg, und später machte er eine Lehre bei Jansen in Oberriet.»
Heute hat Anna Wüst Rückenprobleme von der vielen Arbeit: «Ich habe zu viel gelupft, aber ich bin zufrieden, wenn ich jeden Tag aufstehen kann.» Seit zwanzig Jahren bekommt sie die AHV. «Ich habe den Mann von der AHV-Ausgleichskasse heute noch im Ohr, als ich ihn fragte, ob ich einen Zettel ausfüllen müsse.
‹Nein, Frau Wüst, wir haben Ihre Angaben. Sitzen Sie?›, sagte er zu mir.
‹Warum?›, fragte ich, und er meinte: ‹Sie bekommen mit der AHV mehr Geld als mit der Witwenrente!›» Anna Wüst-Jocham lehnt sich entspannt zurück und lächelt.

Rösli Lutz-Weder (1927), Kriessern,
bei Akris von 1946 bis 1953

«Etwas zum Beissen»

Rösli Lutz hat Zeit für mich: «Ja, kommen Sie», sagt sie am Telefon, nachdem ich ihr mein Anliegen geschildert habe. «Aber kommen Sie am frühen Nachmittag, nach vier Uhr hüte ich die Grosskinder.»

Rösli Lutz-Weder an der Industrienähmaschine.

Da ist kein Namensschild an den beiden Klingeln, auch der Briefkasten ist nicht angeschrieben, aber die Hausnummer stimmt. In der Türecke steht ein bunt bemalter Reisbesen. Die in braune Papiersäcke eingewickelte Pflanzengirlande wartet auf den Frühling. Im Treppenhaus des alten Bauernhauses sind Schritte zu hören. Rösli Lutz öffnet die Tür, grüsst knapp und eilt wie ein Wiesel die steile Treppe hinauf.
Sie führt mich in die Essküche und verschwindet gleich wieder, um die Katze hinauszulassen. Die Arbeitsfläche ist aus Chromstahl, die Wände und ein Teil der Decke sind mit Arvenholztäfer verkleidet, der Fussboden mit hellbraunem «Novilon» ausgelegt. In einer Nische stehen Eckbank und Esstisch. Die Couch fürs Mittagsschläfchen ist ans Fenster gerückt. Draussen scharren rotbraune Hühner in der Erde.
Die Frau kommt zurück, in der Hand ein Foto und ein kleines Stoffbündel. Wir sitzen uns am Esstisch gegenüber:
«Eine Kinderschürze?»
«Nicht jetzt, das kommt später», vertröstet sie mich. Erst schauen wir uns ein Foto an: Sieben Frauen sitzen vergnügt um den gleichen Esstisch: «Das sind wir in den Achtzigerjahren», sagt Rösli Lutz mit Stolz. Die Frauen, die einst für Alice Kriemler-Schoch Schürzen hergestellt hatten, nennen sich noch heute Kriemlera. «Wir trafen uns einmal im Jahr, reihum, jede hat gekocht, und dann haben wir gefeiert und von früher erzählt. Bis vor fünfzehn Jahren. Alle hatten wir viel zu tun. Manchmal passte es der einen nicht, manchmal der anderen. Und das war das Ende des Kriemler-Hocks.» Bodenständige Frauen mit dunklen Wellenfrisuren sind auf dem Bild zu sehen, bei zwei Frauen zeigen sich erste graue Haaransätze. «Heute wäre ich schlohweiss», sagt die hellbraun gefärbte Rösli Lutz und blinzelt mir zu. Ein Jahr später ist sie es tatsächlich. Ihre Töchter haben sie ermuntert, die Farbe wegzulassen.

Gesottene Birnen

Die Mutter von Rösli Lutz, eine deutsche Krankenschwester, die im Ersten Weltkrieg Soldaten gepflegt und später in Kriessern eine Arbeit gefunden hatte, starb 1933 am zweiten Hirnschlag. Rösli war sieben, die älteren Schwestern zehn und elf, der Bruder zwölf, die kleine Schwester Anna erst fünfeinhalb Jahre alt.
«Wer kochte und wer machte den Haushalt?»
«Die Gofen», platzt es aus ihr heraus. «Morgens und abends assen wir Ribel. Vater dörrte Birnen. Die mussten wir sieden. Davon bekämen wir gutes

Vergnügtes Treffen der «Kriemlera» in den Achtzigerjahren: Rösli Lutz-Weder, Anna Dietsche-Hutter, Agnes Hutter-Thurnherr, Serafina Weder-Hutter als Gast, Melitha Dietsche Baumgartner und Marie-Baumgartner-Langenegger (v. links).

Blut, sagte er. Und das stimmt. Der Ribel ist eine Nahrung. Wir hatten keinen Kaffee, nur Milch von unseren Kühen. Wenn wir zwei Liter Milch übrig hatten, trug ich sie zur Käserei. Ich war achtzehn, als ich Vater zum ersten Mal einen Kaffee braute – mit Pulver aus dem Zichorienpäcklein.

Kriessern war ein Bauerndorf. Alle lebten von der Landwirtschaft. Wenn man eine Kuh hatte, hatte man Milch und man konnte leben davon. Wir hatten zwei Kühe, zwei Galtlig, zwei Kälbli und zwei Mutterschweine, die ab und zu Läuse hatten am Rücken oder hinter den Ohren. Vater rieb die Stellen mit Speiseöl ein. Und wenn wir Kinder Läuse hatten, machten wir es genauso. Wir liessen das Öl zwei bis drei Stunden einwirken. So gingen die Läuse kaputt. Die Nissen lösten sich beim Haarewaschen. Dann konnten wir sie mit einem feinen Kamm herauskämmen.

Vater war Dachdecker. Man nannte ihn ‹Deckerli› und mich nannten sie ‹Deckerlis Rösli› oder einfach ‹der Decker›. Er hat viel gearbeitet, aber wir Gofen mussten auch alle mit anpacken. Er trug uns die Arbeiten auf. Morgens gingen wir zur Schule, nachmittags hatten wir frei[1] und arbeiteten im

1 Bis Mitte der Fünfzigerjahre hatten die Kinder der fünften bis achten Klassen in der Gemeinde Oberriet von April bis November nur am Vormittag Unterricht. Am Nachmittag wurden die Schülerinnen und Schüler als Arbeitskräfte in der Landwirtschaft beschäftigt.

Im Fotostudio: Anna, Rösli, Kathrin, Mathilde und Alois Weder (v. links).

Im Garten: Anna, Kathrin, Rösli und Mathilde Weder (v. links).

Rösli feiert Erstkommunion.

Auf dem Weg zum Kartoffelngraben: Mathilde, Albert, Anna und Rösli Weder (von links) mit Freundinnen.

Ried. Und wenn es nachts donnerte, mussten wir raus, um die Heuschochen aufzuschichten. Wir bauten Kartoffeln und Mais an und Buwärli für die Konservenfabrik, sonst assen wir kein Gemüse. Wir hatten ja keine Mutter, die es uns hätte zeigen können. Im Frühling gab es etwas Pflücksalat, und ab und zu stahlen wir ein Rüebli auf einem Feld. Trotzdem waren wir alle gesund. Wegen der gekochten Birnen. Brot kauften wir, wenn wir Geld hatten. Sonst nicht. Heute bin ich stolz, dass wir mit so wenig ausgekommen sind. Wir hatten keine Maschinen und machten alles von Hand: Äcker pflügen, Kühe hüten, Unkraut jäten, heuen, Mais und Kartoffeln ernten. Beim Kühehüten teilte ich die Weide so auf, dass die Tiere nicht alles Gras zertrampten und mit Kuhfladen bedeckten. Mit den nackten Füssen trat ich kleine Grasweglein fest und achtete darauf, dass die Kühe nur in diesem Bereich frassen. Wenn dort alles kahlgefressen war, trampelte ich einen neuen Abschnitt. Das nannten wir ‹abblätzlen›.
Mir war oft kalt, wenn ich so barfuss im feuchten Gras stand. Meine älteste Schwester schenkte mir ihre weissen Söckchen. Sie waren schon etwas abgetragen und geflickt, aber ich zog sie trotzdem gerne an. Als mich eine Frau in den ausgelatschten Schuhen und den weissen Socken Kühe hüten sah, meinte sie, mir würden die weissen Söcklein schon noch vergehen.
Während der Buwärli-Ernte hatten wir schulfrei. Das war eine schöne Zeit. Ob Regen oder Sonnenschein: Wir ernteten bei jedem Wetter. Da hörte man von überall her singen. Man merkte am Klang, ob die Leute fröhlich waren oder ob sie den Verleider hatten. Wir durften auch zu anderen Leuten, wenn sie uns wollten. Dann gab es am Mittag einen Stumpen mit Brot und sechzig Rappen im Tag. Nach jeder Ablese wartete man drei bis vier Tage, bis die Buwärli wieder nachgewachsen waren. Aber wir mussten aufpassen beim Ernten, denn es durften keine weissen Hülsen darunter sein und die Buwärli mussten genau die richtige Grösse haben. Abends zogen wir den Leiterwagen mit den vollen Säcken zur Abnahmestelle der Konservenfabrik. Die Ware kam dann nach Bischofszell, nach Rorschach oder St. Gallen.
Im Winter beteten wir jeden Abend um sechs Uhr in der Kirche den Rosenkranz. Es war kalt, wir trugen nur Knospen, und die Kleider gaben damals längst nicht so warm wie heute. Um sieben mussten wir alle ins Bett. Auch Vater legte sich so früh schlafen. Licht hatten wir aus Spargründen nur im Stall, im Tenn und in der Küche. In den Wintermonaten standen wir morgens um halb sieben auf. Vater klopfte an die Stubendecke und rief: ‹Auf Tirol!› Die älteste Schwester machte den Ribel parat und wärmte die Milch,

und dann ging's ab in die Schule. Das Morgenessen sei sehr wichtig, hat uns der Vater stets gesagt. Es gebe Kraft für den ganzen Tag.
Als sie dreizehn war, lag meine jüngere Schwester Anna neun Monate lang wegen einer missratenen Blinddarmgeschichte im Spital Altstätten. Der Operateur, der als ‹Metzger› bekannt war, hatte ein Stück Darm im Bauchraum vergessen, das zwanzig Jahre später bei einer weiteren Operation wieder zum Vorschein kam. In der siebten Klasse konnte Anna nur drei Wochen zur Schule gehen. Vater und ich wohnten in dieser Zeit alleine zu Hause. Mein Bruder arbeitete bereits in der Optik in Rebstein, die älteren Schwestern hatten nach der Schule auswärts eine Stelle angenommen – die eine im Haushalt, die andere im Service. Vater und ich beteten in der ‹Kapelle zum verlorenen Gott› für die kranke Anna.»
«Warum die Kapelle ‹Verlorener Gott› heisst? Mein Vater hatte uns erzählt, das alte Kreuz mit dem fast lebensgrossen Christus sei vom Rhein angeschwemmt worden. Man habe nicht gewusst wohin mit dem Kreuz. Da hätten es ein paar Männer auf einen Ochsenwagen gepackt und die Ochsen laufen lassen. Bis zur Altstätterstrasse. Dort hätten die Tiere zu fressen begonnen. Da glaubten die Männer, dass dies der richtige Ort für eine Kapelle sei. Ob es wahr ist, weiss ich nicht. Vater sagte, es sei eine Sage. Gepflegt wird die Kapelle von meiner Nachbarin Anita Hutter. Sie hat auch Schürzen genäht im ‹Büdeli›.
In der Dorfkirche stand vor dem Muttergottesaltar eine Tafel mit der Aufschrift ‹Für immerwährende Hilfe›. Ich schrieb meine Besserungswünsche für Anna auf einen Zettel und legte ihn unter diese Tafel. Pfarrer Brunner las meine Wünsche in der Maiandacht vor und sprach ein Fürbittegebet. Als Vater die letzte Spitalrechnung zahlte, war ich achtzehn. Wir waren nicht krankenversichert. Früher hatte der Vater eine Versicherung gehabt, aber nachdem Mutter gestorben war, reichte das Geld nicht mehr für die Prämien.
An einem Sonntag nach dem Essen spielte Vater auf dem Schwyzerörgeli. Er jodelte und zäuerlete und winkte mich heran. Ich müsse gradheba, sagte er. Erst wusste ich nicht, wie ich seinen Gesang begleiten sollte. ‹Du musst einfach losa, losa, losa›, und plötzlich hatte ich es begriffen. Auch das Jodeln brachte er mir bei: ‹Halte den Kopf hoch wie eine Amsel, das gibt eine schöne Kopfstimme.› Und fortan jodelte und sang ich vor mich hin, ob nachts beim Hüten oder frühmorgens beim Ausmisten. Vater kannte die Noten nicht, er hatte alles im Gehör und spielte auch auf der Zigeunerorgel.

Stopp! Zollamt: Marokkanische Soldaten bewachen die österreichische Grenze, Mai 1945.

In der Musikgesellschaft hatte er die Posaune geblasen. Als Mutter starb, legte er die Posaune nieder.»

Die Marokkaner

Im Mai 1945 ging der Zweite Weltkrieg zu Ende. Die französischen Truppen waren nach Vorarlberg vorgestossen, und die Kriessner Dorfmusik und die marokkanische Militärmusik spielten an der Grenze auf. «Am Sonntag nach der Christenlehre rannten wir alle zur Grenze. Die Brücke war geöffnet. Es hiess, um siebzehn Uhr würde die Brücke wieder geschlossen. Ich wollte zur Base. Mutters Schwester wohnte in Götzis. Vor dem Krieg hatten wir sie regelmässig besucht, vor allem im Winter an den Mittwochnachmittagen, wenn wir schulfrei hatten. Wir liebten das österreichische Kümmelbrot und assen es haufenweise, wenn wir bei ihr waren. Und weil wir alle froren so ganz ohne Handschuhe, schickte sie uns in den Textilwarenladen nebenan und schenkte jedem von uns ein Paar Handschuhe und einen

Rösli Weder (rechts) und Freundin Marie Langengger (dritte von rechts) lassen sich mit den Marokkanern fotografieren.

Pullover dazu. Aber dann war Krieg, die Grenze wurde geschlossen, und wir konnten sie nicht mehr besuchen.

Nun, da die Grenze offen stand, sagte ich mir: ‹Nichts wie hin!› Meine Freundin Marieli begleitete mich. Eingangs Götzis stand ein Marokkanerposten. Sie riefen: ‹Papiere, Papiere!› Wir sagten, wir hätten keine Papiere, und liefen einfach weiter, bis wir vor dem Haus der Base standen. Ich zog an der Türglocke und da kam der Bub, der Friedel, den ich so viele Jahre nicht mehr gesehen hatte. ‹Wo ist die Base?›, fragte ich ihn. Und er rannte gleich zum Friedhof, um sie zu holen. Sie war in den Kriegsjahren ein altes Weiblein geworden und fragte ganz aufgeregt: ‹Die wel bischt?›, ‹Die wel bischt?› Wir waren ja vier Mädchen gewesen und sie wusste nicht, welche ich nun war von den vieren. Und dann wollte sie unbedingt, dass wir Spiegeleier essen, dabei besass sie ja selbst fast nichts. Kurz vor fünf rannten wir zurück, damit wir rechtzeitig über die Grenze kamen. Beim Militärposten standen schon fünf andere Kriessner. Sie liessen alle passieren, nur mich nicht. Übermütig, wie ich war vor lauter Glück, hängte ich einfach bei zwei Marokkanern ein und zog sie mit. Punkt fünf standen wir alle an der Grenze, wo sich eine ganze Bank voll Kriessner versammelt hatte. Die Pfarrköchin war auch dabei. Die marokkanischen Soldaten zeigten uns Fotos von ihren Familien, und wir sassen alle bis zum Abend beisammen.

Als ich nach Hause kam, molk ich die Kühe und trieb sie danach auf die Weide. Vater war am Sonntagabend nie da und ahnte nichts von unserem Ausflug. Am anderen Morgen erzählte ich ihm voller Freude, dass ich bei der Base gewesen sei. ‹Was, bei der Base?›, hat er entsetzt gerufen. ‹Bist du eine dumme Kuh, sie hätten dich ja um eine Goass verkaufen können!›

Vater hat die Dachschindeln, die er unter die Biberschwanzziegel legte, selbst geschlagen. Er kaufte ganze Tannen, schälte sie mit dem Schindelmesser und sägte sie in achtundzwanzig Zentimeter breite Klötze. In einem kleinen Raum im Tenn setzte er das Schindelmesser auf den Stock, schlug mit dem Holzhammer drauf und spaltete das Holz. Die fertigen Schindeln band er zu Bündeln. Ich sollte sie zählen, aber manchmal dauerte mir die Zählerei zu lange und ich schätzte sie nur. Rechnungen schrieb er keine, da die jüngeren Leute seine altdeutsche Schrift ohnehin nicht lesen konnten. Stattdessen ging er am Sonntag ins Rheintal hinüber, nach Rebstein, Marbach oder Lüchingen. Dort traf er seine Kunden und die gaben ihm das Geld. Für Arbeiten im Dorf schrieb ich die Rechnung. Er verlangte zwei Franken pro Stunde. Zu Beginn der Fünfzigerjahre erfuhr er, dass mein Mann in der Firma Wild fünf Franken verdiente. Dann schlug auch er auf, aber er traute sich nicht, die höheren Rechnungen einzuziehen, und schickte stattdessen mich zu den Kunden. Und die zahlten häufig in Raten.»

Zehn Moatla und eine Vorarbeiterin

Zurück ins Jahr 1946: «Im Sommer arbeitete ich auf dem Feld und im Herbst meinte Vater, ich könne mir jetzt eine Stelle suchen. Meine Freundin Marieli nähte im ‹Büdeli› für Alice Kriemler und fragte die Vorarbeiterin, ob sie auch für mich Arbeit hätte. Am Montag konnte ich anfangen: Wir waren zehn ‹Moatla› und eine Vorarbeiterin.»

«Moatla?» Rösli Lutz war neunzehn und arbeitete im «Büdeli», bis sie siebenundzwanzig war.

«Wir waren auch mit siebenundzwanzig noch ‹Moatla›», stellt die Näherin klar. Damals wurde man erst mit der Hochzeit zur Frau. Auch Alice Kriemler-Schoch hat stets von den Kriessner «Mädchen» gesprochen.

«Im Sommer hatte ich wegen der Feldarbeit keine Zeit zum Nähen und im Winter hatten sie bei Kriemler zu wenig Arbeit für mich. Damit ich das ganze Jahr hindurch nähen konnte, reduzierte ich meine Arbeit auf dem Acker. Aber weil ich in den Sommermonaten nachts das Vieh hüten musste, fing ich erst um acht im ‹Büdeli› an. Von Mitte Juni bis Mitte September behielten wir die Kühe tagsüber im Stall, damit die vielen Bremsen sie nicht verrückt machten. Wenn sie ständig herumsprangen, weil sie die Viecher abwehren mussten, kamen sie kaum zum Fressen und gaben viel zu wenig Milch. Und da wir keinen elektrischen Weidezaun besassen, musste ich zu den Tieren schauen.

Nach dem Melken frassen die Kühe bis halb zwölf draussen. Ich sang, damit ich nicht einschlief beim Hüten. Nachts um drei trieb ich sie nochmals hinaus und um halb sechs brachte ich sie zurück in den Stall. Dann machte ich das Frühstück für den Vater, der frühmorgens hungrig vom Schollengraben nach Hause kam. Anschliessend molk er die Kühe und ich fütterte die Schweine. Ab und zu sagte Vater voller Stolz, ich arbeite härter als mancher Bub.

Um acht Uhr ging ich in die Bude. Zu meinen Kolleginnen sagte ich: ‹Herrgott, habt ihr's so schön hier drin!› Für mich war das Nähen eine Erholung, weil ich bei der Arbeit sitzen konnte. Als ich dreiundzwanzig war, kaufte uns mein Bruder einen Viehhüteapparat für 280 Franken. Und von da weg konnten wir die Kühe nachts alleine weiden lassen.

Mittags ging ich stets eine halbe Stunde früher vom ‹Büdeli› nach Hause, damit das Essen um Punkt zwölf auf dem Tisch stand. Auch der Znacht musste rechtzeitig fertig sein. Sonst gab es Ärger. Das Kochen auf dem alten Holzherd war nicht immer einfach. Bei Föhn brannte das Feuer schlecht, weil der Rauch im Kamin hängen blieb. Dann schaute ich, dass ich wenigstens eine Brotsuppe zustande brachte. Wenn sich der Föhn frühzeitig ankündigte, kochte ich vor. Wir achteten auf die Zeichen der Natur und nicht wie heute auf den Wetterbericht. Das Abendrot stand für schönes Wetter, das Morgenrot für Wind oder Regen. Vor dem Regen flogen die Schwalben tief und frassen die Mücken knapp über dem Boden. Flogen sie hoch, erwarteten wir sonnige Tage. Wenn wir die Montlinger Kirchenglocken hörten, wussten wir, es ist oberluftig. Der Emser Luft holte den Wetterluft, der häufig mit einem Gewitter verbunden war, und der Balger Luft brachte gutes Wetter. Dann konnte man mähen.»

Aus Schürzenstoff-Resten genäht.

Stoffresten

«Bei den Schürzen nähten wir ein Stück Ersatzstoff zum Flicken in die Taschen ein. Die grösseren Stoffresten nahmen wir mit nach Hause.» Die Frau lacht schelmisch und zieht das Stoffbündel hervor, das sie auf dem Esstisch bereitgelegt hatte. «Ich sammelte die Stoffstücke in einer Schachtel und als ich Kinder hatte, nähte ich kleine Schürzen, Jäckchen und Höschen daraus.» Aus den taubenblauen, klein gemusterten Stoffresten war in der Tat eine rot paspelierte Sennenbluse entstanden, die sich heute in einer Kinderboutique verkaufen liesse. Die Jacke wird mit roten Knöpfen geschlossen, die Knopflöcher sind von Hand gemacht. Da die Stoffstücke nicht gross genug waren, hatte Rösli Lutz die unterschiedlich gemusterten Stoffe mit Flachnähten zusammengenäht. Dazu kurze Hosen im gleichen Blau, auch hier mit etwas anderem Muster.

«Unsere eigenen Schürzen nähten wir auch im ‹Büdeli›. Wir konnten den Stoff aussuchen und bekamen ihn fertig zugeschnitten zum Nähen. Die Schürzen wurden in St. Gallen gebügelt und an Messmers Mathis'[1] Laden geliefert, wo wir sie zu einem reduzierten Preis kaufen konnten.

1 Laden von Katharina Dietsche.

Wir hatten ein gutes Verhältnis zu Alice Kriemler. Sie kam manchmal zu uns nach Kriessern. Und die anderen Näherinnen mussten ab und zu nach St. Gallen, um die neuen Modelle kennen zu lernen. Da ich hier draussen zu viel Arbeit hatte, musste ich nur einmal hin. Keine von uns hatte eine Lehre, man lernte bei der Arbeit.»

«Ob ich gerne eine Lehre gemacht hätte? Ich konnte keine Lehre machen, weil ich dem Vater den Haushalt führen musste. Abgesehen davon, wohin hätte ich denn gehen sollen? In Kriessern gab es keine Lehrstellen für Mädchen. Und übers Ried wage ich mich heute noch nicht. Vor dem Ried hatte ich Angst.»

«Und nachts beim Hüten?»

«Das machte mir nichts, dann hatte ich die Tiere dabei. Unser Boden lag draussen vor der Siedlung. Dort brauchte ich keine Angst zu haben. Vorher hatten wir überall Böden, aber mit der Melioration legte man sie zusammen.»

Regelmässig mit dem Velo nach Altstätten zu fahren, das hätte sie sich nicht getraut. «Bei Kalbereien im Dorf war ich eins a, aber das Ried hat für mich etwas Unheimliches. Ich weiss nicht, woher die Angst kommt. Auf dem Weg nach Altstätten standen zwei Rosshütten, die erste und die zweite. Dort drin lauerten die Männer den Frauen auf, hiess es. Klar, dass wir dann Angst hatten. Vermutlich ist auch ab und zu etwas passiert. Ich weiss es nicht, aber wenn ich übers Ried fuhr, sah ich hinter jedem Gebüsch, das einen Schatten warf, einen Mann stehen. Im Dorf hatte ich keine Angst. Nur die Pferde fürchtete ich wie ein Schwert. Das ist heute noch so. Wenn wir die Ernte einbrachten, spannten wir eine Kuh vor den Wagen.

«Wie war der Verdienst in der Näherei?»

«Man musste ‹werchen› um einen Franken. Das musste man. Wir arbeiteten im Akkord. Für eine paspelierte Kinderschürze mit Flügeln bekamen wir achtzig Rappen. Man musste dranbleiben, und der Faden durfte nicht reissen. Dann hatte man eine halbe bis eine Dreiviertelstunde für eine Kinderschürze. Ohne Knopflöcher, die machten sie in St. Gallen. Auch die Knöpfe nähten sie dort an. In der Stunde verdiente man vielleicht einen Franken. Aber manchmal hatte ich keinen Arbeitsgeist, dann schwatzten wir und sangen, dafür musste ich mich am anderen Tag mehr anstrengen. Normalerweise bekam jede ein Bündel mit Stoff für vier Berufsschürzen, Schlupfschürzen oder Umstandsschürzen. Die Arbeit ging uns nicht immer gleich gut von der Hand. Wenn man schwitzte oder vom Heuen raue Hände hatte, lief der Faden nicht optimal. Und wenn die Fäden in der Maschine rissen, brachte man nicht viel zustande. Dann wurde ich manchmal nervös, schliesslich gab es auch zu Hause viel zu tun.

Der Höhepunkt

Kurz vor Jahresende rätselten sie im ‹Büdeli›, wer denn der ‹Silvester Bettnäschter› sein würde. ‹Ja natürlich der ‹Decker›, der kommt ja immer später›, hiess es. Da sagte ich mir: ‹Wartet ihr nur ab.› Ich lief abends zur Freundin, die über der Näherei wohnte. Wir präparierten ein altes Leintuch und schnitten Löcher für Augen und Mund hinein. Am anderen Morgen ging ich ausnahmsweise eine Stunde früher zur Arbeit. Marie malte mich weiss an, ich warf das Leintuch über mich und stellte mich in den Besenschrank. Die Türe ging nicht mehr ganz zu.
Zehn Minuten später begannen sie mit der Arbeit. Die Nähmaschinen waren damals alle mit einem zentralen Motor verbunden. Nun kam Marie zum Einsatz: ‹Stell ab, mir hat es den Faden hineingezogen›, rief sie. Alle Blicke richteten sich auf die Freundin, und ich sprang kreischend aus dem Schrank mit dem Leintuch über dem Kopf. Die eine streckte alle viere in die Höhe, die nächste flüchtete aus dem Lokal, und die anderen blieben vor lauter Schreck wie angeklebt auf ihren Stühlen sitzen.» Rösli Lutz schüttelt sich vor Lachen und fuchtelt mit den Händen: «Ein Wahnsinnserlebnis! Das war die Strafe dafür, dass sie sich über mich lustig machten, wenn ich später zur Arbeit kam. Diese Geistergeschichte war der Höhepunkt meiner ‹Büdeli›-Zeit.»
«Die halbe Nacht Kühe hüten und tagsüber nähen, wie war das auszuhalten mit so wenig Schlaf?»
«Ich war an der frischen Luft beim Hüten. Aber in der Bude konnte ich mich manchmal nur mit Mühe wach halten. Dann wusch ich mir in der Küche oben Gesicht und Arme mit kaltem Wasser ab. Es war ein Krampf, aber es war schön draussen. Damals gab es noch fast keine Autos. Wenn eines nachts die Stossstrasse hinunter nach Altstätten fuhr, fiel es auf. Ich genoss die Natur, hörte die ersten Vögel pfeifen und bewunderte den Sternenhimmel. Ich sah den Kleinen Wagen, den Grossen Wagen und die Milchstrasse. Und wenn ich eine Sternschnuppe entdeckte, wünschte ich mir den Schatz herbei.»
Rösli Lutz holt weit aus: «Also das war so. Mein Mann kam aus dem Bündnerland. Er hatte für Niederberger und Bless elektrische Leitungen bis hin-

unter ins Tessin verlegt. Nun liess die Melioration der Rheinebene Gräben im Ried ausheben und man bot ihm und einigen weiteren Bündnern Akkordarbeit im Rheintal an. Sie riefen im Restaurant Sonne an und erkundigten sich, ob sie Kostgänger aufnähmen. Der Wirt fragte meinen Vater, der gerade in der ‹Sonne› sass, ob er nicht Platz hätte für zwei Arbeiter. Er meinte, da stünde noch eine Kammer leer im oberen Stock. Zwei andere Arbeiter kamen im Haus meiner Freundin unter und einer beim Kirchenmessmer. Ich wusste von nichts. Vater trug mir auf, zwei Betten zu richten. Es kämen zwei, die würden hier schlafen. Essen könnten sie in der ‹Sonne›. Da traten sie abends in den Socken in die Küche, ein Kleiner und ein Grosser. Die Stiefel hatten sie vor dem Haus abgestellt. Ich stand am Herd und der Kleine schaute mich an. Ich merkte nichts, aber Vater dachte: ‹Oha.› Das erzählte er mir aber erst im Nachhinein.»
Sie zeigte den beiden das Zimmer: «Es war Winter und Vater sagte, sie müssten die Stiefel raufholen in die Küche, sonst seien sie am Morgen gefroren. Nach zwei Wochen verköstigte ich sie auch morgens und abends. Mittags assen sie weiterhin in der ‹Sonne›. Plötzlich hat es auch bei mir gefunkt. Ich hatte Erbarmen mit ihnen. Die jungen Männer trafen sich häufig zu viert und spielten Troca.[1] Natürlich sprachen sie Romanisch miteinander. Vater spitzte die Ohren, aber er verstand nur die Flüche.
Bei Pfarrer Brunner hatten die Bündner einen guten Eindruck hinterlassen. Und an Weihnachten waren sie alle hintereinander zur heiligen Kommunion geschritten. Bei uns gingen an Weihnachten nur die Frauen und Kinder zur Kommunion. Die Männer warteten damit bis Neujahr, weil Ende Monat immer ein Kapuzinerpater im Beichtstuhl sass.» Indem sie beim auswärtigen Geistlichen beichteten, bewahrten sich die Kriessner Männer ein kleines Stück Anonymität in der vom Dorfpfarrer kontrollierten Gemeinschaft.
«Im Frühling 1949 ging Martins Akkordarbeit zu Ende. Die Männer in der Beiz hatten meinen Vater aufgehetzt. Er müsse aufpassen auf mich: ‹Die Bündner sind nichts, sie können nichts, sie haben nichts, die Frauen müssen schaffen und die Männer hocken vor dem Haus und bäcklen›, so hat es geheissen. Es sei schade um das Mädchen, wenn es am Schluss in die Berge hinaufkomme und ständig weinen müsse vor lauter Heimweh. Vater wollte nicht, dass wir miteinander gingen, und dann wollte er mich natürlich auch als Haushälterin behalten.»

1 Kartenspiel aus Graubünden.

Rösli und Martin Lutz-Weder vor der Heirat.

Das Brautpaar vor der Kirche, 1953.

Fotohalt in Altstätten.

Das vierte Kind ist geboren. Während die Mutter im Kindbett liegt, wird die kleine Charlotte von ihrer Gotte Kathrin Bühler-Weder zur Taufe getragen.

Mein Gott, wohin?

«Wir schrieben uns postlagernd, damit Vater nichts merkte. Einen Sonntag schrieb er, am anderen ich. Drei Jahre lang. In dieser Zeit trafen wir uns heimlich. Zweimal im Jahr.
An einem Sonntagabend besorgte ich die Tiere im Stall. Vater war nicht zu Hause und mein Schatz sass frierend im Tenn, und so holte ich eine Wolldecke und wickelte ihn ein. Nach der Arbeit wärmten wir uns in der Stube auf. Er schaute nordwärts aus dem Fenster und ich ostwärts, aber es war so dunkel draussen, dass wir den Vater nicht kommen sahen. Plötzlich ging die Haustür auf und er trampte die Treppe herauf. Mein Gott, wohin? Eine Türe ging in die Küche, die andere in die Stube, und zwischendrin lag Vaters Schlafzimmer. Es musste schnell gehen, und mir blieb keine andere Wahl, als den Schatz in Vaters zweitürigem Schlafzimmerschrank zu verstecken. Dort war aber fast kein Platz. Am Boden lagen zwei Handorgeln, oben war ein Tablar mit Pullovern und Hüten und an der Stange hingen Vaters Kleidungen und meine Sachen. Martin musste sich ducken und ganz ruhig stehen bleiben, damit er nicht an die Handorgeln stiess. Vater wollte noch einen Kaffee von mir. Danach war er müde und ging ins Bett – am Kasten vorbei. Nach langer Zeit hörte ich ihn endlich schnarchen. Ich schlich in sein Schlafzimmer, öffnete ganz leise den Schrank und führte den Schatz auf Zehenspitzen in die dunkle Stube. Dieses Abenteuer steckte uns noch lange Zeit in den Knochen. Heute lachen wir darüber.
Martin nahm wieder eine Stelle in der Nähe an, erst bei der Bahn, dann bei der Feldmühle in Rorschach. Geschlafen hat er bei meiner Schwester in Marbach. Später vermittelte ihm mein Bruder eine Stelle als Elektriker bei der Optik in Rebstein. Er konnte dort eintreten, obwohl er keine Lehre gemacht hatte. Wir trafen uns ausserhalb des Dorfes. Er kam von Marbach her und ich von Kriessern. Und weil ich im Kirchenchor sang, sagte ich zum Vater, ich hätte um acht Probe. Kurz vor acht verliess ich das Haus und um zehn war ich wieder da. So sah unsere verliebte Zeit aus, aber es war spannend, ich habe etwas erlebt. Damals hielten sich auch andere Liebespaare im Ried auf. Als ich fünfundzwanzig war, fanden wir, dann heiraten wir halt trotzdem, auch wenn der Vater nicht will. Er fürchtete, ich müsste in einem Bergloch versauern. Dabei wollte Martin gar nicht mehr in die Berge zurück. Er arbeitete lange bei der Firma Wild in Heerbrugg. Und die Ehe hat bis heute gehalten. Seit 1953!»

Der Schürzentrick

Nach der Heirat kaufte sich Rösli Lutz eine Industrienähmaschine und machte neben der Feldarbeit Heimarbeit für Akris, wie sich die Firma inzwischen nannte: «Ich nähte Kinderschürzen, Farmerhöschen und Seidenblusen, und zwar am Montag, Dienstag und Mittwoch, weil ich am Sonntag keine schwere Arbeit erledigen musste und zu Wochenbeginn feinere Hände hatte. Die zarten Stoffe blieben mir sonst an den aufgerauten Händen hängen. Ich nähte während anderthalb Stunden am Morgen und nachmittags, wenn die Kinder schliefen. Wenn sie aufwachten, erledigte ich den Abwasch. Der Verdienst aus der Heimarbeit war ein Zustupf in die Haushaltskasse. Ich konnte damit das eine oder andere Paar Kinderschuhe kaufen.

In dieser Zeit kam es auch vor, dass ich kein Geld hatte und trotzdem einkaufen musste. Dann griff ich zum Schürzentrick: Ich steckte den leeren Geldbeutel in die schmutzige Schürze, zog sie aus und ging in der sauberen Schürze, die ich darunter trug, in den Laden. Als es ans Zahlen ging, rief ich: ‹Meine Güte, jetzt habe ich das Portemonnaie in der dreckigen Schürze gelassen!› Gelogen war das nicht, es war wirklich so. Man schrieb den Betrag auf und ich bezahlte später, sobald der Mann den Zahltag heimbrachte.

Die Kinder waren brav. Ich bekam jedes Jahr ein neues, am Schluss waren es sieben. Nach dem dritten Kind hatte ich mit der Heimarbeit aufgehört, schliesslich musste ich noch das Vieh besorgen: zwei Kühe, ein Rind und ein Busli. Die Stierli tränkten wir und verkauften sie nach fünf bis sechs Monaten an die Metzgerei. Ob schwanger oder nicht: Jedes Fuder Heu lud ich selber auf den Ladewagen. Um den Bauch zu stützen, trug ich einen Umstandsgurt. Beschwerden hatte ich nie, aber die Kinder kamen alle zwei Wochen zu früh. Und jedes war eine grosse Freude. Ich gewöhnte sie daran, morgens bis neun Uhr zu schlafen, und so blieben sie brav im Bett, bis ich mit der Stallarbeit fertig war.

Auch beim Essen gab es keine Probleme. Die Kinder assen alles, was auf den Tisch kam. Wenn es Kässalat gab, schnetzelte ich dafür ein ganzes Kilo Tilsiter klein. Pro Jahr verbrauchte ich vierzehneinhalb Harasse Kartoffeln. Wenn ich Pommes frites machte, füllte ich mit den geschnittenen Kartoffeln einen Zwölflitereimer und fing um zehn Uhr mit dem Vorbacken an. Die Pommes frites gab es meistens am Mittwoch, wenn die Kinder schulfrei hatten. Dann assen sie am Nachmittag weniger Brot. Das musste ich kaufen, aber die Kartoffeln kosteten mich nichts. Zum Zvieribrot bekamen sie gewöhnlich zwei Würfelzucker oder eine Reihe Schokolade. Es gab zwei Par-

teien unter den Kindern: die vier Grösseren und die drei Kleineren. Mittags wuschen die Kleineren ab und abends die Grösseren.
Am Esstisch herrschte Ruhe. Das war auch nötig, weil mein Vater zehn Jahre lang bei uns wohnte. Manchmal stiessen sie einander mit den Füssen unter dem Tisch, aber über dem Tisch spürte man kaum etwas davon. Vater wollte auch seine Ruhe, wenn er mit dem Vergrösserungsglas Zeitung las. Er konnte es nicht leiden, wenn die Kinder herumsprangen, weil dann der Fussboden bebte und sein Vergrösserungsglas zitterte.
Spielsachen hatten unsere Kinder nicht viele, höchstens Klötzli aus Hartholz und kleine Plastikautos aus den Waschmitteltonnen, aber sie sind trotzdem alle gut herausgekommen.
Vater starb am 9. Februar 1963, als der Bodensee zufror. Ausgerechnet in diesem eiskalten Winter konnte ich den Kachelofen nicht mehr anfeuern. Er hatte Risse und durfte nicht mehr betrieben werden. Dafür bekam ich einen neuen Kochherd mit breiten Ringen über dem Feuerloch. Damit wurde es schön warm in der Küche, und wenn ich die Türe offen liess, war es auch in Vaters Schlafzimmer nicht mehr gar so kalt. Er war nicht lange bettlägerig, aber nach seinem Tod ging es mir ein Jahr lang schlecht, schliesslich hatte ich immer mit ihm zusammengelebt. Meine Kinder brachten mich dann auf andere Gedanken.

Rösli Lutz-Weder auf dem Acker, 1985.

Ich hatte zwanzig Aren Acker zu besorgen. Wenn ich eine gute Ernte hatte, schickte ich die Kinder mit dem schönen Gemüse nach Altstätten auf den Markt, wo sie es lauthals anpriesen: ‹Härdöpfel, Buwärli, Bohnen, Rüebli, Salat, Gurken, Peterli!› Was übrig blieb, assen wir selbst.» Mit dem vielen Gemüse schnetzelte Rösli Lutz mit der Zeit fünf Holzbrettchen durch. Sie hat sie alle aufbewahrt.
«Nach den Schulferien fuhr ich selbst mit dem Gemüse zum Markt: Anfänglich stand ich beschämt hinter meiner Ware und starrte auf den Boden. Wie eine Bettlerin. Ein Passant fragte mich, ob das Gemüse zu kaufen sei. Als ich Ja sagte, forderte er mich auf, den Kopf zu heben. Danach genierte ich mich nicht mehr, wenn ich meine Ware anbot. Schliesslich war schon meine Mutter zum Markt gegangen, wenn sie Fährli zu verkaufen hatte. Sie hatte die Kisten mit den jungen Sauen auf den Handwagen geladen und über sechs Kilometer nach Altstätten auf die Breite gezogen. Mutter war eine starke Frau. Wenn sie in der Käserei das Schweinefutter holte, trug sie den schweren Sack einfach so unter dem Arm über die Strasse.»

Ein Automat für faule Weiber

«Als ich jung verheiratet war, kochte ich die grosse Wäsche noch immer draussen im alten Waschhafen, den uns die Gotte nach Mutters Tod geschenkt hatte. Aber erst weichte ich die schmutzigen Kleider über Nacht ein und knetete sie auf dem Waschbrett in der Gelte kräftig mit Kernseife durch. Die Windeln kochte ich im kleinen Waschhafen auf dem Holzherd und spülte sie danach auf dem Küchenboden in zwei Gelten aus.
Als mein erstes Kind neun Monate alt war, kam ein Reisender vorbei und führte mir eine Waschmaschine vor. Er fahre anschliessend nach Widnau, erzählte er, dort könne er einen Automaten verkaufen. Ich fragte ihn, was besser wasche, die Handmaschine oder der Automat. Da meinte er: ‹Wenn ich ehrlich sein darf, der Automat ist nur für faule Weiber.› Klar, dass ich mich unter diesen Umständen für eine Handmaschine entschied! Sie hatte zwei Schalter, den einen zum Aufheizen und den andern zum Bewegen der Wäsche. Dank der Mange musste ich die Wäsche nicht mehr von Hand auswinden. Ich stellte die Maschine in die Küche und wusch nachts, damit sich die kleinen Kinder nicht verbrühten. Nach dem Waschen trug ich sie wieder die Treppe hinauf. Inzwischen habe ich auch eine Maschine ‹für faule Weiber›, aber die bekam ich erst vierzehn Jahre später, als die Handmaschine kaputtging.» Rösli Lutz schmunzelt: «Die Mange steht noch im Keller, falls

alle Stricke reissen. Ich würde nicht erschrecken, wenn wir plötzlich ohne Strom dastünden.

Wir haben alles mitgemacht. Wir waren tief unten, dann kam der Aufschwung und jetzt leben wir auf dem Höhepunkt. Was wollen wir mehr? Klar, jetzt sind die Kinder weg. Dafür habe ich dreiundzwanzig Grosskinder und vier Urgrosskinder. Vier Enkelkinder kommen um zehn nach vier. Das eine muss in die Musikstunde, das andere in die Turnstunde. Ich hüte sie, damit meine Tochter in Ruhe arbeiten gehen kann. Sie ist Krankenschwester wie meine Mutter und arbeitet im Kantonsspital St. Gallen auf der Intensivstation.

Heute stricke ich nicht mehr für den Bazar und gehe auch nicht mehr auf den Markt, dafür baue ich Stiefmütterchen an. Vor vierzig Jahren verkauften wir das Stück für fünfunddreissig Rappen, jetzt verlange ich siebzig Rappen dafür. Aber noch lieber nähe ich für die Missionen: Höschen für die Buben und Röcklein für die Mädchen, aber es darf kein Knopf dabei sein. Die Frauen in Simbabwe haben keine Nadeln, keinen Faden, nichts haben sie. Wenn der Knopf weg ist, tragen die Mädchen die Röcklein einfach offen, und die Stoffecken hängen herunter.» Sie legt einen Stapel sauber gebügelter, pastellfarbener Röcklein aus Bettwäschestoff auf die Couch. «Sehen Sie. Die können sie von vorne und von hinten tragen. Meine Tochter hat bei Textilfirmen ein ganzes Büslein und ein Auto voll Stoff zusammengebettelt. Ich nehme bei einem Grosskind Mass und schneide den Stoff zu. Für die Schrägriemen wähle ich einen anderen Bettwäschestoff. Und damit sie nicht so schnell einreissen, mache ich die Einfassungen am Halsausschnitt und bei den Armlöchern etwas breiter. Vorne und hinten nähe ich eine Kellerfalte ein, damit die Mädchen rennen können.»

Der weissgelbe Damaststoff erinnert an alte Kissenbezüge, die zarten, grossflächigen, rosa Blumenmuster an duftige Bettwäsche aus neueren Kollektionen. Brusteinsatz und Einfassungen weisen kontrastierende Muster auf. Die Kombinationen stimmen. Auch hier gilt: Die Röcklein fänden Eingang in städtische Boutiquen.

«Einen Winter lang muss ich noch zünftig nähen, danach sind nur noch ganz kleine Stoffstücke übrig. Aber ich liebe das Nähen. Ich liebe es wahnsinnig.» Rösli Lutz kommt ins Schwärmen: «Dann komme ich fast nicht mehr von der Nähmaschine weg. Aber nur bis abends um fünf. Dann habe ich genug. Wenn ich Höschen nähe, hilft mir der Mann. Er sitzt auf der Couch und zieht die Hosengummis ein. Auch die Wollsachen für die sieben Kinder hat er gestrickt,

nachdem er sich das Stricken auf der Strickmaschine selbst beigebracht hatte. Und das kam so. Ich versuchte Socken zu stricken auf der Maschine, aber ich brachte die Ferse nicht zustande. Martin lachte mich aus und setzte sich selbst an die Strickmaschine. Als es auch bei ihm nicht klappte, zog ich ihn auf. Das ertrug er nicht. Er liess nicht locker, bis er die Strickmaschine richtig bedienen konnte – und strickte künftig alles selbst. Ich musste es nur noch zusammennähen: Pullover, Bubenhosen, Röcklein, Kniesocken, Strumpfhosen und Kappen. Die Wolle bekamen wir gratis vom Schwiegervater, der im Bündnerland Schafe hielt: Die weisse Schafwolle nahmen wir für die Sonntagsjacken und die graubeige Wolle für die Alltagssachen. Am Sonntag zog ich alle Kinder gleich an. Die Buben trugen dunkle, gestrickte Hosen, die Mädchen dunkle Strickröcklein und darüber alle eine weisse Wolljacke, die ich von Hand gestrickt hatte. Sogar die Finken strickte ich selbst. Besohlt habe ich sie mit fünf Lagen Stoff von Vaters selbst genähten Manchesterhosen. Diese Finken trugen sie auch in der Schule. Aber nur bis zur vierten Klasse. Später hätte man sie ausgelacht.
An Ostern kommt der Sohn aus Luzern. Ich richte ihm zwei grosse Taschen mit Kinderkleidern. Die liefert er in Immensee ab. Wenn ein Pater in die Missionen geht, nimmt er die Kinderkleider mit. Schicken kann man sie nicht mehr, sonst werden sie gestohlen.
Als wir Kinder waren, erzählte uns Pfarrer Brunner, dass die ‹Neger› die neugeborenen Mädchen an den Waldrand legten, damit sie von den wilden Tieren gefressen werden. Das setzte sich fest bei mir, und deshalb arbeite ich heute für die Missionen. Ich habe sechsundvierzig Kilo Kleider nach Afrika gebracht, als eine meiner Töchter vor einigen Jahren mit mir nach Simbabwe reiste. Und dort sah ich auch diese langen Dornen, von denen uns Pfarrer Brunner im Religionsunterricht erzählt hatte, als er uns die Dornenkrone des Heilands beschrieb. Damals hatte ich ihm nicht abgenommen, dass es so lange Dornen gibt. Ich kannte ja nur die Dornen der Brombeerstauden, und die waren viel kürzer. Als ich diese langen afrikanischen Dornen sah, schämte ich mich, weil ich dem Pfarrer als Kind nicht geglaubt hatte.»
«Wie war das im ‹Büdeli›? Worauf musste man achten beim Nähen?»
«Das Paspelieren war besonders heikel. Wenn man das Schrägband auf der Rückseite nicht überall ganz erfasst hatte, kam die Ware zurück. Und wenn die Achselnaht auf einer Seite drei Millimeter breiter war als auf der anderen, ebenso. Vor allem dann, wenn der Absatz etwas flau war. In solchen Zei-

In Schafwolljacken auf den Schlitten gepackt.

Eingestrickt: die vier älteren Kinder, Winfried, Markus, Martin und Charlotte (v. links) Ende der Fünfzigerjahre.

Grossvater Albert Weder mit Enkelkindern im Garten.

Albert Weder auf der Marbacher Kirchturmspitze, Dreissigerjahre.

ten kam viel retour, dabei kann man auch etwas ziehen beim Bügeln, damit es passt. Aber sie zogen nicht. Wenn sie viel Arbeit hatten bei Kriemlers, konnten wir nicht genug abliefern. Und bei der Ausverkaufsware, für die wir Stoffe verwendeten, die zu wenig Anklang gefunden hatten, kam fast nichts mehr retour.

Aber es war doch schön, dass ich dort arbeiten durfte. Es war doch schön. Man lernte viel und sang viel – Lumpenlieder und Marienlieder: ‹Maria, du sollst unsere Führerin sein› oder ‹Blonder Johnny›.» Rösli Lutz fängt leise an zu singen: «Blonder Johnny, komm mit nach Hawaii, denn so ein Junge wie du ...» Sie strahlt wie ein junges Mädchen: «Kalbereien machten wir auch, wir waren ja alle jung und voller Lebensfreude. Es war harmonisch im ‹Büdeli›. Ab und zu waren wir etwas eingeschnappt, aber nur im Stillen. Vor allem dann, wenn wir dunklen Stoff zum Nähen hatten und wir die Fensterläden geschlossen halten mussten, damit die Sonne nicht auf die Scheiben brannte. Im abgedunkelten Raum sah man die Ware nicht gut. Dann hätte man lieber eine andere Arbeit gehabt, aber man musste das nehmen, was kam. Ich bin trotzdem froh, ich lernte viel. Den Zahltag bekamen wir alle vierzehn Tage. Ich musste ihn nicht abgeben zu Hause und konnte das Geld für die Aussteuer sparen.

Geheiratet haben wir erst, als ich alles beisammen hatte: das Schlafzimmer, die Matratzen, die Bettwäsche, ein Stubenbuffet, die Polstergruppe, die Couch und ein neues Buffet für die Küche. Ich wollte nicht froh sein um einen Mann.» Sie lacht.

Ihr Vater schlief weiterhin im Elternzimmer. Stube und Küche benutzten sie gemeinsam. Und an der Sitzordnung beim Esstisch änderte sich auch nichts. «Wenn mein Mann von der Arbeit kam, ging er in den Stall, um die Kühe zu melken. Vater hatte keine Kraft mehr in den Fingern. Dafür verdiente er noch ein paar Franken mit Schollenstechen im Ried. Ich stapelte die gestochenen Schollen zum Trocknen zu Häuschen auf. Beim Beigen war ich schneller als Vater beim Stechen. Deshalb musste er etwas früher anfangen.»

Das Fundament

«In den Dreissigerjahren holte Vater das Kreuz vom Marbacher Kirchturm herunter. Das war der höchste Turm im Tal. Niemand vom ganzen Rheintal wollte auf diesen Kirchturm steigen. Aber Vater wusste, dass die Kirchgemeinde die Rechnungen auch in der Wirtschaftskrise zahlte, und schliesslich hatte er fünf Kinder zu ernähren. So trat er denn in die Kirche und kniete vor dem Muttergottesaltar nieder, um zu beten, bevor er über die Innentreppe zu den Turmläden hinaufstieg. Als er auf den Friedhof hinunterblickte, packte ihn die Angst, und er kam wieder herunter, um noch einmal vor dem Muttergottesaltar zu beten. Dann wagte er sich hinaus aufs Gerüst, bis ihn erneut die Angst überkam. Da stieg er ein zweites Mal hinunter und betete ein drittes Mal vor dem Altar.» Ihre Augen werden feucht. «Dieses Gottvertrauen meines Vaters habe ich erlebt. Er hielt sich daran fest und wusste, wo er hin musste. Und er holte das Kreuz herunter. Dabei zog ein heftiges Gewitter auf und die anderen Bauhandwerker schlossen die Turmläden. Plötzlich merkten sie, dass der ‹Deckerli› nicht mehr zu sehen war. Er baumelte noch immer draussen an seinem Flaschenzug.»

Rösli Lutz fixiert mich mit ihren wachen, graugrünen Augen: «Und weil der Vater ein solches Gottvertrauen hatte, gebe auch ich nie auf. Komme, was wolle. Als er einmal betrunken war, verriet er mir, er habe nicht mehr beten können, nachdem Mutter gestorben sei. Er habe gedacht, wenn es einen Herrgott gebe, der eine Mutter von diesen Kindern weg sterben lasse, dann sei der nicht gerecht.

Mutter starb im Oktober. Im gleichen Winter hatte Vater eine Nierenbeckenentzündung. Mit einundvierzig Grad Fieber rasierte er sich noch mit dem langen Messer. Mit zweiundvierzig Grad rasierte er sich nicht mehr. Da betete er: ‹Herrgott, lass mich leben, bis die Kinder gross sind.› Sie schlägt mit der Hand auf den Tisch: Das ist doch ein Fundament! Ein Fundament! Damit lebe ich. Damit lebe ich. Es ist gut, wenn man so anpacken muss. Es ist eine grosse Lehre. Wer alles haben kann, ist arm. Das sind arme Leute. Sie kennen nichts anderes, und sie können sich auch nicht so freuen wie ein hundsgewöhnlicher Mensch.

Wenn eine Bauersfrau zu mir kommt vom Ried, dann trinken wir einen Kaffee und sagen zueinander: Wie haben wir's doch so schön. Wir freuen uns über jedes Drecklein. Leute, die alles haben, können das nicht. Es ist so schön auf der Welt. Wir haben alle vier Jahreszeiten, Morgen und Abend, Tag und Nacht. Und wie ist nach einem Gewitterregen die Luft so schön frisch! Oder etwa nicht? Das merken viele nicht. Man ist einfach glücklich. Und Sorgen, die gibt es immer. Wenn ich mich stark ärgern muss, brauche ich etwas zum Beissen.» Rösli Lutz bleckt die Zähne. «Einen Brocken Brot, einen Brocken Käse oder einen halben Cervelat, und dann ist es wieder vorbei. Von irgendwoher muss man die Kraft holen.»

Alice Kriemler-Schoch (1896–1972), Gründerin von Akris, St. Gallen

Die Fabrikantin

Alice Kriemler-Schoch hielt ihren Alltag in vierzehn Tagebüchern fest. Von 1933 bis kurz vor ihrem Tod stehen Meldungen aus dem Weltgeschehen neben Bemerkungen zur persönlichen Befindlichkeit, Kommentare zum

Alice Kriemler-Schoch, Fünfzigerjahre.

Geschäftsverlauf neben Gedanken zur Familie. Die Mischung bewegt. Aus den deutschen und später englischsprachigen Einträgen spricht eine dynamische Unternehmerin, eine stolze Mutter und engagierte Grossmutter, eine sportliche, willensstarke Frau, die sich mit gesunder Ernährung und regelmässiger Bewegung bis kurz vor ihrem Tod fit gehalten hat.

Bis in die Sechzigerjahre interessierte auch die internationale Prominenz: Vergilbte Zeitungsbilder der englischen Königsfamilie kleben mürbe auf den linierten Tagebuchseiten. Soraya ist dort präsent und, am 18. März 1958, die monegassische Fürstin Grace im Kindbett mit Thronfolger Albert von Monaco. Als Alice Kriemler-Schoch die Meldung von Prinz Alberts Geburt ausschnitt und mit Klebestreifen einklebte, dachte sie wohl kaum daran, dass sich die künftige Ehefrau des monegassischen Säuglings ein halbes Jahrhundert später in Akris-Modelle hüllen würde. Zu sehr war sie damals mit ihrer Schürzenfabrikation beschäftigt, und schliesslich sollte es noch zwei weitere Jahre dauern, bis ihr Enkel, Akris-Designer Albert Kriemler, geboren wurde.

Fürst Albert von Monaco verlobte sich im Juni 2010 mit Charlene Wittstock. Sie trug ein jadefarbenes Akris-Seidenkleid mit tiefem Rückendekolleté, die Träger um den Hals geschlungen. «Ein diskreter Hauch der 50er Jahre», nannte es das «St. Galler Tagblatt» und machte ausserdem publik, dass Wittstock bei der Royal Wedding von William und Kate gleich zwei Modelle von Albert Kriemler getragen hat: ein Mantelensemble aus perlgrauem Double-Face und eine elfenbeinfarbene Seidenrobe mit Laser-geschnittenen Organza-Volants.

Blenden wir ein Jahrhundert zurück und tauschen wir die britischen Paläste mit dem Bauernhof in Degersheim, wo Alice Schoch als achtes Kind von Louisa und Johannes Schoch-Weber am 4. September 1896 das Licht der Ostschweiz erblickte. Der älteste Bruder war zehn Jahre alt, der Drittälteste hatte das Säuglingsalter nicht überlebt, drei weitere Geschwister sollten folgen. Die kinderreiche Familie übersiedelte nach Zurzach, um später wieder in die Ostschweiz zurückzukehren. In Neuchlen-Anschwilen bei St. Gallen, wo heute auf dem gleichnamigen Waffenplatz Infanteriesoldaten über die Kampfbahn robben, stand der Landwirtschaftsbetrieb, auf dem Alice Schoch mit der Mehrzahl ihrer Geschwister aufwuchs. Wie die Kriessner Näherinnen hatte auch sie ihre Pflichten auf dem Bauernhof zu erfüllen. Dass sie mit der Landwirtschaft zeitlebens verbunden blieb, zeigen die bäuerlichen Wetterkommentare in ihren Tagebüchern.

Ähnlich wie die Kriessnerinnen nahm auch Alice Schoch eine Arbeit als Schürzennäherin auf – in der Flawiler Schürzen- und Blusenfabrik ihrer Tante Elise Küffer-Weber, wo sie auch wohnte. Dort lebte seit der Jahrhundertwende schon ihr älterer Bruder Fritz Schoch. Die Tante hatte ihn als fünfjähriges Kind von ihrer Schwester als Pflegesohn übernommen, damit er seinem invaliden Cousin Paul Gesellschaft leistete. Auch die 1893 geborene Schwester Elsa, die später in Heerbrugg eine Papeterie führte, war in einer Pflegefamilie aufgewachsen. Ebenso Schwester Ida, die nach Amerika auswanderte. Bei Tante Elise lernte Alice Schoch das Konfektionshandwerk von Grund auf kennen. Die theoretischen Kenntnisse holte sie sich an der Frauenarbeitsschule in St. Gallen. Dass sie sich an der Hauswirtschaftlichen Schule Arenenberg weitergebildet hat, zeigen die Einladungen zu Klassentreffen, die sie bis kurz vor ihrem Tod persönlich verschickte.
Im Betrieb ihrer Tante übernahm Alice Schoch bald leitende Aufgaben in der Produktion. Sie hätte den Konfektionsbetrieb sehr gerne übernommen, als Elise Küffer-Weber an Krebs erkrankte. Stattdessen ging die Schürzenfabrik an ihren Bruder Fritz Schoch, der auf Wunsch seiner Pflegemutter eine Schneiderin heiratete und den gehbehinderten Cousin, der im Büro der Schürzenfabrik beschäftigt war, bis zu dessen Tod die Treppen hinauf und hinunter getragen haben soll. Dabei habe er sich zwei Brüche zugezogen, erzählt seine Tochter Ella Steurer-Schoch, die den Betrieb nach dem Tod ihrer Mutter auflöste und sich gerne an ihre Tante Alice Kriemler erinnert: «Mir hat sie gefallen. Sie war wie Tante Elise eine richtige Geschäftsfrau und eine maximal gute Fachfrau. Alice Kriemler hat den Karren gezogen, nachdem ihr Mann gestorben war. ‹Man hält durch und steht auf dem Boden›, das war ihre Haltung. Sie fuhr Auto und wusste, was sie wollte.»
Ella Steurer deutet auf das Bild der Flawiler Schürzen- und Blusenfabrik Küffer-Weber, das zwischen 1905 und 1908 aufgenommen worden war. Um Chefin Elise mit der schwarzen Halbschürze aus Seidenjacquard gruppieren sich die Näherinnen in bodenlangen Röcken und ebensolchen Schürzen. Während sich Fritz Schoch an seinem Fahrrad festhält, sitzt sein Cousin Paul in einem kleinen Invalidenauto im Hintergrund. Ella Steurer erzählt: «Man trug einen einfachen Jupe und eine Bluse passend zur Schürze, wenn man etwas vorstellen wollte.» Die Schürze sei damals ein schönes Bekleidungsstück gewesen, das Markenzeichen der arbeitenden Frau, geschmückt mit Tressen, schönen Knöpfen, Litzen, Kettenstickereien, Biesen, Volants und

Elise Küffer-Weber (sechste von links) mit Belegschaft, Sohn und Pflegesohn.

Weissstickerei. «Man hatte eine Werktags- und eine Sonntagsschürze.» Die Chefinnen hätten schwarze Schürzen getragen.

Unternehmerinnengeist geweckt

Eine gerahmte Urkunde des Schweizerischen Gemeinnützigen Frauenvereins bescheinigt Alice Schoch an Weihnachten 1920, seit fünf Jahren «treu und pflichteifrig» bei Frau E. Küffer-Weber, Flawil, gedient zu haben. Dann verlässt sie die älteste Schürzen- und Blusenfabrik von Flawil, spart sich während eines Haushaltlehrjahres ihre erste Nähmaschine zusammen und beginnt, in Eigenregie ihre ersten Schürzen zu nähen. Die junge Frau hat sich in den Jahren, die sie im Betrieb ihrer Tante gearbeitet hat, nicht nur das Know-how erworben, das sie zur Schürzenfabrikation benötigt, sie kennt sich auch bei den Stofflieferanten und Absatzkanälen aus. Ihr Unternehmerinnengeist ist geweckt, und an Vorbildern fehlt es ihr nicht. Da ist ihre Tante als erfolgreiche Bekleidungsunternehmerin, da sind ihre Grosseltern, die in Degersheim eine Kleiderfertigung und eine Stickerei besessen hatten. Und da ist die Frustration, dass sie bei der Unternehmensnachfolge der

A. Kriemler-Schoch Schürzenfabrikation: die Näherei an der Brauerstrasse, Zwanzigerjahre.

Alice Kriemler-Schoch (rechts) mit Näherinnen und Kindern, 1929.

Alice Kriemler-Schoch mit ihrer Mutter und den Söhnen Max (links) und Ernst, 1929.

Blusen- und Schürzenfabrik Küffer-Weber übergangen worden ist. Diese Frustration muss ihr einen zusätzlichen Schub verliehen haben.

1921 heiratet die Fünfundzwanzigjährige Albert Kriemler aus dem ausserrhodischen Speicher. Auf dem Hochzeitsbild hält sich die Braut kerzengerade und blickt entschlossen in die professionelle Kamera. Der weisse Nelkenstrauss mit Zierspargel zeigt auf den Boden. Voluminöse, weisse Stoffmaschen halten die Brautschuhe zusammen. Das junge Paar wohnt vorerst an der Rickenstrasse in St. Gallen-Bruggen. Der zwölf Jahre ältere Ehemann ist in der Chemiebranche als Vertreter tätig. Bald geht er mit zwei Koffern auf die Reise – mit dem Schuhcremesortiment der Firma Neuenschwander aus Zürich und mit der Schürzenkollektion seiner Frau. Erst bereist er sein Verkaufsgebiet, das sich über die gesamte Ostschweiz bis weit in die Region Zürich erstreckt, mit dem Zug, später mit dem «Erskine», einem Studebaker-Modell aus den Zwanzigerjahren. Die Bestellungen, die er am Samstag nach Hause bringt, werden in der Folgewoche von Alice Kriemler und ihren Näherinnen angefertigt.

Die Schürzenproduktion läuft gut an, die Bestellungen häufen sich. Da sie keine Anprobe erfordern, lassen sich die Berufs-, Kleider- und Kittelschürzen problemlos als Stapelware produzieren. Im Mai 1922 kommt Sohn Max zur Welt und im Juli wird die Einzelfirma für Schürzenproduktion im Handelsregister eingetragen. Der Name A. Kriemler-Schoch steht sowohl für Alice als auch für Albert Kriemler. Domiziliert ist das Unternehmen an der Brauerstrasse im so genannten Bernerhaus. Die Familie – Sohn Ernst wird im Oktober 1923 geboren – wohnt im ersten Stock, im Untergeschoss richtet Alice Kriemler zuerst eine und kurz darauf zwei Nähreihen ein. Gegen acht Näherinnen und zwei Zuschneiderinnen produzieren Schürzen für den täglichen Bedarf, darunter hochwertige Berufs-, Kleider- und Kittelschürzen. Die kleinen, weissen, mit St. Galler Stickerei versehenen Servierschürzen gehören dazu.

Max Kriemler erinnert sich an die beiden ersten Näherinnen, die gleichzeitig als Kinderfrauen beschäftigt worden sind: Ida Strässle und Alice Braun. Ein Foto zeigt die junge Alice Braun mit Schneckenfrisur auf einer Wiese, den kleinen Ernst im Arm und den zweijährigen, pausbäckigen Max an der Hand. Unter ihnen Stadthäuser, der Güterbahnhof und dahinter die Kirche St. Laurenzen. Als kleine Buben verstecken sie sich zwischen den Nähmaschinen unter den genähten Schürzen, um mal die eine, mal die andere Näherin zu necken. Später führt der kurz geschorene Max im Röss-

ligschirr einen mit Kindern beladenen kleinen Leiterwagen an. Hinter der Kindergruppe steht Schwester Dolorosa von der Kinderschule Krontal in Nonnenmontur.
Um den Vertrieb der Schürzen kümmern sich neben Albert Kriemler auch zwei Privatverkäuferinnen: Frau Miller und Berta Schoch, Alice Kriemlers Schwägerin. Sie besuchen die St. Galler Gasthäuser, Bäckereien und Metzgereien, die alle fleissig Träger- und Servierschürzen ordern. Dreizehn beschürzte Näherinnen posieren 1929 mit ihrer Chefin vor dem Treppenaufgang an der Brauerstrasse. Ganz vorne sitzen der siebenjährige Max und der sechsjährige Ernst. Ein zweites Bild zeigt sie stehend, barfuss in kniekurzen Hosen mit angeknöpften Hosenträgern. Max hält seine erste Handorgel in den Händen. Seine Mutter, mit modischem Bubikopf der Zwanzigerjahre und weit ausgeschnittener, dunkler Schürze, blickt stolz auf den kleinen Musikanten. Die weisshaarige Grossmutter schaut direkt in die Kamera. Ihre knochigen Hände zeugen von harter Arbeit, die geblümte Schürze reicht ihr fast bis zu den Knöcheln.

Die Tagebücher

Als es an der Brauerstrasse zu eng wird, zieht die Familie mit der Näherei ins «Thomahaus» an die Rorschacherstrasse 139. Im geräumigen Stickereigebäude finden bis zu dreissig Mitarbeiterinnen Platz. Mit dem Umzug der Näherei am 29. Juli 1933 beginnen auch Alice Kriemlers Tagebucheinträge. Am 2. August bezieht die Familie im gleichen Haus eine Privatwohnung im dritten Stock. Zehn Tage später fährt sie in die Ferien und am 25. August 1933 kauft sie einen neuen Wagen: «Auto gekauft, Plymouth, Erskine daran gegeben, Fr. 5000 aufgezahlt.»
Die Weltwirtschaftskrise scheint dem jungen Unternehmen nichts anzuhaben. Am 30. August geht's mit dem neuen Auto über Uzwil nach Lichtensteig zum Landesschiessen. Und am 9. Januar 1934 fährt die Unternehmerin zum ersten Mal Ski und nimmt sich dafür einen halben Tag frei. Die Ausrüstung leiht sie sich von ihrer Schwester Leonie Koller-Schoch.
Die Firma A. Kriemler-Schoch stellt weiterhin Trägerschürzen her, ausserdem werden Trägerkleider und Kleider aus reiner Baumwolle für Bäuerinnen gefertigt sowie Barchentkleider für den Winter. Zwischendurch näht die Chefin für ihre Privatkundschaft. Frau M. bezahlt in den Dreissigerjahren dreiundsechzig Franken für ein Kleid. Und inzwischen konzentriert sich Albert Kriemler ganz auf den Schürzenverkauf, der sich als lukrativer

Alice, Max, Ernst und Albert Kriemler im Fotostudio, Dreissigerjahre.

erweist als die Schuhcremevertretung. Um Modelle, Stoffeinkauf, Produktion, Personal und Finanzen kümmert sich seine Frau.
Obwohl das Frauenstimmrecht noch in weiter Ferne liegt, verfolgt Alice Kriemler aufmerksam das politische Geschehen. Dass die Abstimmung zur Wehrvorlage angenommen worden ist, notiert sie am 24. Februar 1935.
Am 30. April 1935 stirbt Alice Kriemlers Mutter, die sich regelmässig um die Kinder gekümmert hat. «Tod der Mutter», steht gross und unterstrichen im Tagebuch. Zehn Tage später ziehen die Buben ins Zimmer der Grossmutter. Im Kinderzimmer werden zwei zusätzliche Nähplätze eingerichtet und das Büro ins Wohnzimmer verlegt. «Erste Bestellungen von Globus St. Gallen, Basel, Aarau», freut sich die Unternehmerin am 2. November 1935. Ein Meilenstein. Die neue Handorgel für Max, seine erste Klavierstunde und das Turnfest mit dem zweiten Rang für Max und dem fünften Rang für Ernst sind ebenfalls im Tagebuch aufgeführt.

Die Kriemlers lassen sich vom Fotogeschäft Hans Gross in gewohnter Familienpose ablichten. Alice Kriemler sitzt im Sessel links. Eine runde Brosche ziert die dunkle Stickereibluse. Der glatte Bubikopf ist einer damenhaften Wellenfrisur gewichen. Vater Albert Kriemler hat rechts aussen Platz genommen. Dreiteiler, Uhrenkette, Seidenkrawatte und Schnauz verleihen ihm Autorität. Neben ihm steht Sohn Ernst im hellen Tweedanzug mit gestreifter Krawatte und runder, dunkler Metallbrille. Max Kriemler hat sich direkt neben seine Mutter auf die Sessellehne gesetzt.

1936 wird der Franken, der sich in der Weltwirtschaftskrise zur Fluchtwährung entwickelt hat, um dreissig Prozent abgewertet. Mit positiven Auswirkungen auf den Tourismus und die schweizerischen Exporte. Diese steigen von 882 Millionen auf 1286 Millionen Franken an, und die Zahl der Arbeitslosen sinkt von 93 009 (1936) auf 65 583 (1938).[1]

«Sehr viel Arbeit im Geschäft», konstatiert auch Alice Kriemler (29. April 1937) und kurz darauf: «Pappa ist die ganze Woche auf der Reise. Wir haben viel Arbeit. Grosser Auftrag von Globus. Wir verfertigen viele Tricot-Kleider. Eine schöne Woche gewesen.» Globus gilt als «Schweizer Warenhaus des Mittelstandes». Noch stammen fünfundachtzig Prozent der Waren von Schweizer Lieferanten, mehr als drei Viertel der Produkte werden in der Schweiz gefertigt.

Neben der Arbeit hat auch das Vergnügen Platz. So lässt sich Alice Kriemler am 2. Mai 1937 von ihrem Mann mit den Kindern, Schwester Elsa und Frau Baer zur Skitour auf die Schwägalp chauffieren: «Mit dem nächsten Bähnli fuhren wir auf den Säntis. Wunderschönes Wetter gehabt. Pappa ist unterdessen zum Schiessen nach Herisau gefahren. Grossartig schön war die Abfahrt nach Unterwasser.»

Die Firmenchefin hält fest, wenn die Waschküche einfriert, wenn Näherinnen mehr Lohn fordern, wenn ein neuer Ausläufer eintritt, ein Dienstmädchen austritt oder wenn sie nachmittags mit ihrer Schwester Elsa Marthaler aus Heerbrugg ins Strandbad nach Diepoldsau fährt. Auch Entlassungen werden vermerkt: «Austritt Louise. Nach vierzehn Tagen erfahren, dass sie schon 6 Monate in anderen Umständen ist.» (15. Juni 1937)

In der Produktion geht es auf und ab, mal gibt es bei den Schürzen viel zu tun, dann wieder bei den Kleidern, die inzwischen ebenfalls zum festen Angebot gehören. Noch in den Zwanzigerjahren galten Maschinennähte

1 Historisches Lexikon der Schweiz, www.hls-dhs-dss.ch/textes/d/D45078.php.

bei Kleidern als minderwertig und wurden nur an unsichtbaren Stellen geduldet.
Im Februar 1938 bestellt Alice Kriemler eine Knopfannähmaschine von Singer auf Probe und im Juni schafft sie zwei Schreibmaschinen an. Kurz darauf geht die Zweiundvierzigjährige abends erstmals in diesem Sommer auf «Dreiweihern» baden.

Villa Fels

Erneut wird es eng in der Näherei.
15. Januar 1939: «Wir sind im Begriffe, das Geschäft zu vergrössern, entweder mit der Wohnung ins Bernerhaus zu ziehen oder etwas zu kaufen.» Man bietet ihnen das «Thomahaus» zum Kauf an, doch haben sie bereits ein Auge auf die Villa Fels mit den antik gestalteten, zartgrünen Steinsäulen geworfen. Josef Theodor Fels, der 1873, lange vor dem Ausbau der Felsenstrasse, diese erste Villa am Bernegghügel durch den bekannten Architekten Johann Christoph Kunkler erstellen liess, war in jungen Jahren als Kaufmann nach Argentinien gezogen und als Plantagenbesitzer zu grossem Reichtum gelangt. Schwarze aus Afrika, also «Negersklaven», hätten dem strengen Herrn dienen müssen, hiess es hinter vorgehaltener Hand. Das «St. Galler Tagblatt» relativiert: «Die Zustände, die in ‹Onkel Toms Hütte›, dem berühmt gewordenen Buch vom Negerelend in den Südstaaten Nordamerikas, geschildert wurden, erschütterten damals die Herzen in Europa, und man machte gleich alle Plantagenbesitzer in Brasilien und Argentinien mitverantwortlich am Sklavenhandel. Josef Theodor Fels ist gewiss nicht schlimmer gewesen als alle Überseer, die zu jener Zeit jenseits des atlantischen Wassers ihr Vermögen aus Baumwolle, Kaffee, kostbaren Hölzern und anderen tropischen Naturerzeugnissen heraus geschafft haben durch Energie, Unternehmungsgeist und Wagemut.»[1]
Der Zeitungsausschnitt, der sich in Alice Kriemlers Tagebuch befindet, erwähnt auch die Schauermärchen, die man sich über die Villa Fels erzählte: «Steif und fest wurde behauptet, man höre zu gewissen Zeiten vom Estrich her das Rasseln von Sklavenketten.»
Alice und Albert Kriemler kennen diese Geistergeschichten nicht, als sie die Villa und das grosse Geschäftshaus der Firma Rechsteiner Hirschfeld & Co. kaufen, samt Remise und Stallung, wo im neunzehnten Jahrhundert Pferde und Kutschen untergebracht waren. Die Rechsteiner Hirschfeld & Co. ha-

1 St. Galler Tagblatt, 28. Juni 1958.

ben die Stickereiproduktion in den Krisenjahren aufgegeben. Die Liegenschaften Felsenstrasse 38 und 40 werden am 27. Februar 1939 verschrieben. Anderntags beginnt die Putzerei, am 4. März werden der Hausrat gezügelt und im Geschäft einige Wände herausgebrochen. Im viergeschossigen Backsteingebäude belegt die Näherei vorerst eine Etage, die übrigen Stockwerke bleiben vermietet. Da in der Produktion sehr viel Arbeit anfällt und die Renovation der Fabrik noch nicht abgeschlossen ist, wird Mitte März auch in der Villa Fels genäht.

Künftig halten zwei Hausangestellte den Privathaushalt in Schuss. Was nicht heisst, dass keine Pflichten für die Buben geblieben wären: «Max arbeitet am Hühnerhaus. Den Boden gegossen und die Wände abgelaugt. Nun wird noch gemalt und geweisselt», heisst es am 4. April 1939 und einige Tage später: «Max und Ernst helfen wacker arbeiten in Haus und Keller und Garten.» Und erneut gibt es «übermässig viel Arbeit im Geschäft». Es werden Katzen geboren, sechs Küken ausgebrütet, «Bürotöchter» treten ein und aus. Und immer noch sind nicht genügend Arbeiterinnen «erhältlich». Derweil posiert Alice Kriemler gutgelaunt im getupften Sommerkleid mit modischen, zweifarbigen Schuhen beim Eingang zur Villa. Vor den Fenstern blühen die Geranien. Irgendwann im Jahr 1939 kreiert Kantonsschüler Max Kriemler mit den Initialen der Firma A. Kriemler-Schoch das Akris-Label, das 1960 im Handelsregister als Marke eingetragen wird.

Kriegserklärung

Ende August bahnt sich der Zweite Weltkrieg an.

28. August 1939: «Politische Lage unsicher. Hitler verlangt Danzig und den Korridor. Krieg. Der gesamte Grenzschutz wird aufgeboten auf den 29. August.»

Das Benzin wird rationiert. Sechzig Liter müssen für zwei Wochen reichen.

30. August 1939: «Kriegserklärung zwischen Polen und Deutschland.
Mobilmachung der gesamten Armee.»

Albert Kriemler-Schoch beteiligt sich am freiwilligen Bewachungsdienst und muss das Auto abgeben.

3. September 1939: «England und Frankreich den Krieg erklärt und schon angefangen gegen Polen.»

Alice und Albert Kriemler beim Wandern am Vierwaldstättersee, Vierzigerjahre.
Alice Kriemler im Tupfenkleid vor der Villa Fels.
Max Kriemler (Mitte) im Militär.

Ob Produktion, Geburtstagsfeier oder Gemüseeinkauf: Weltpolitik, Hauswirtschaft und Fabrikalltag finden in Alice Kriemlers Tagebuch unmittelbar nebeneinander statt.

4. September 1939: «Geburtstag. Regen. Arbeitszeit bis 4 1/2[1] bis auf weiteres. Von Alice, Zürich, einen Strauss erhalten. Puverli gekauft, 10 kg à 90 Rp. Zum Einmachen.»

6. September 1939: «Polen ist der grossen Übermacht nicht gewachsen. Vorläufig erhält man keine Lebensmittel ohne blaue Ausweiskarte.»

15. September 1939: «Stoff schlägt schon auf. Pappa kann nicht auf die Reise. Arbeit ist ordentlich.»

16. September 1939: «Russland in Polen einmarschiert. Deutschland hat Polen zum Teil eingenommen.»

25. September 1939: «Wieder viel Arbeit im Geschäft. Preise sind schon gestiegen, 10–30 %.»

29. September 1939: «Freitag Preiskontrolle bei uns. Kleinere Differenzen im Preis nach den Bestellkopien von Pappa.»

Der siebzehnjährige Max Kriemler gehört den Kadetten an und marschiert im Fackelzug mit, als General Guisan am 4. Oktober 1939 vor dem Restaurant Hecht in St. Gallen auftritt. Und wieder nimmt der Alltag seinen Lauf.

10. Oktober 1939: «Trudi Fässler in den Finger genäht. Dr. Zollikofer hat die Nadel nicht herausgebracht.»

Das Lokal Felsenstrasse wird gründlich renoviert, Alice Kriemler sitzt mit ihrer Freundin im Kino und schaut sich den Krimi «Wachtmeister Studer» mit Heinrich Gretler an. Max Kriemler besucht einen Tanzkurs bei Bentele, und eine Hausangestellte sucht das Weite.

5./6. Dezember 1939: «Hilda ist über Nacht ausgeflogen. Koffern und Kisten sind alle fort.»

Die Wäscherin wird abbestellt, die Wäsche in die Wäscherei gebracht. «Wir sind bis auf weiteres allein und kochen selbst.»

Im Januar 1940 wird die Arbeitszeit in der Näherei erneut reduziert: von acht bis zwölf und von vierzehn bis siebzehn Uhr. Mangels Maschinenbeleuchtung sind längere Arbeitstage bis Ende Januar nicht möglich. Wieder ist eine grosse Bestellung für Globus St. Gallen in Arbeit. Während Ernst in den Frühlingsferien eine Stelle als Ausläufer antritt, hilft Max im Büro.

Zurück zum Kriegsgeschehen:

1 16.30 Uhr.

10. Mai 1940: «Generalmobilmachung angekündigt.»
14. Mai 1940: «Max hat sich in der Ortswehr gemeldet. Holland hat sich nach wenigen Tagen ergeben.»
16. Mai 1940: «In Belgien grosse Schlachten.»
Anderntags rückt einmal mehr der Privathaushalt ins Zentrum.
17. Mai 1940: «Unseren Güggel getötet.»
31. Mai 1940: «Ein gelbes Huhn verunglückt im Stall, tot am Morgen. Den Kopf durchs Gitter gestreckt und dann beim Zurückreissen den Hals verrissen. Es wurde gegessen.»
Die Kantonsschule teilt Max Kriemler zum Heuen ein. Er besteht Mitte Juli die Fahrprüfung und kommt Ende Juli 1940 als Rekrut zu den Mitrailleuren. Dazwischen hilft er im Büro, ein Buchhalter wird gesucht. Ende August 1940 geht Albert Kriemler nach längerem Unterbruch wieder auf die Reise – und macht gute Geschäfte.

Es folgt die Rationierung der Lebensmittel.
24. August 1940: «Bis 13.10. können keine Lebensmittel geholt werden. Es wird nun alles rationiert. Wir haben genügend Vorrat.»
Die Söhne turnen an Kantonalturntagen, Max wird in der «Schweizer Familie» als junger Turner abgebildet und nimmt am eidgenössischen Turnerkurs in Zürich teil, wie die Mutter stolz im Tagebuch vermerkt. Fotos des bekränzten, jungen Turners finden sich reichlich in der Fotosammlung. Mal schwingt er sich ums Reck, mal küsst er vergnügt die Ehrendamen. Die jungen Männer gehen ihrem Vater beim Holzen zur Hand. «Tanne bei der Küche fällt. Braucht viel Arbeit.» (16. Oktober 1940)
Am 1. November 1940 werden die Textilien rationiert und Kleidermarken eingeführt: «Nirgends durfte Stoff in Wolle verkauft werden. Baumwolle, Leinen und Schuhe auch rationiert.» (1. November 1940) Man setzt auf Ausweichprodukte wie Zellwolle und geht mit den Stoffen sparsamer um. Sohn Ernst tritt auf Geheiss des Vaters eine Schneiderlehre im jurassischen Reuchenette an. Bald darauf wird der neu gewählte Bundesrat Karl Kobelt in St. Gallen empfangen.
Am 22. Juni 1941 greift Deutschland die Sowjetunion an. In St. Gallen werden die Eier knapp. Unterdessen büffelt Sohn Max für die Matura, deren Abschluss er am Maturaball im Café Pfund «mit einem Fräulein aus Herisau feiert.» (4. September 1941) Ende Oktober kauft sein Vater zwanzig Zentner Äpfel zum Wiederverkauf. Max Kriemler tritt eine Stelle in der Weberei

Rüti an. Im ersten Monat bekommt er keinen Lohn, im zweiten Monat hundert Franken. «Diese Freude ob dem ersten Zahltag», notiert die Mutter. Dafür ist der junge Hund entwischt: «Rex ist wieder davongelaufen und hat bei Bürer, Teufenerstr. 75, 5 Hühner geschädigt (teure Geschichte). Hund musste ich am Abend bei Baumgartner Hundezwinger abholen.» (27. November 1941)

Und: «Wir haben schön viel Arbeit im Geschäft, aber es ist flau in den Läden.» (25. Januar 1942). Strommangel stellt sich ein, in der Näherei wird eine Kettenstichmaschine eingerichtet, doch bleibt auch in den Kriegsjahren Zeit für Erholung: Ein Bild zeigt das gut gelaunte Ehepaar beim Wandern am Vierwaldstättersee. Auf weiteren Fotos posieren sie auf der Terrasse der Villa Fels mit Familienhund Rex und den beiden Söhnen.

Der schwerste Moment

Am 26. April 1944 kommt Albert Kriemler von der Reise «ordentlich zweg» nach Hause. Das Unheil, das sich anbahnt, ist nicht vorauszusehen.

27. April 1944: «Donnerstag Morgen beim Erwachen musste er noch etwa zehn Mal tief atmen und dann schloss er für immer die Augen. 1/4 vor sieben Uhr morgens. Zum Glück durfte ich es mitansehen; dies war der schwerste Moment in meinem Leben.»

Albert Kriemler-Schoch ist an einem Herzinfarkt gestorben. Die Söhne kommen gleichentags nach Hause, Max aus der Aspirantenschule in Bern und Ernst aus dem Jura. Auch das Personal erweist dem in der Villa aufgebahrten Chef die letzte Ehre. Nach der Beerdigung rückt Ernst Kriemler nach Winterthur in die Rekrutenschule ein. Max erhält Urlaub und bleibt vorläufig zu Hause: «Ich führte ein wunderbares Leben, trieb Sport, war erfolgreich und freute mich auf die Hochschule.» Vom Betrieb habe er keine Ahnung gehabt. «Aber ich konnte meine Mutter nicht alleine lassen mit dem Geschäft.» Die Mutter braucht ihn, und der Sohn sagt für ein Jahr zu, in der Absicht, in dieser Zeit einen Ersatz für den verstorbenen Vater zu finden. Eine Woche später geht es los: «Ich musste zwei Koffer in die Hand nehmen und unsere Kunden besuchen.» Mit Vertreter Graser fährt er nach Chur, Zizers und Bad Ragaz. «Vom 8. bis zum 20. August ist Max fleissig mit Kleidern auf die Reise. Es ist ihm gut gegangen», bilanziert die Mutter. Bis zum 14. März 1945 nimmt er den Zug, anschliessend fährt er mit dem Firmenauto, das mangels Treibstoff mit einem Holzvergaser betrieben wird. Mit Erfolg: Ende November 1945 trifft eine grosse Kleiderbestellung von Anderis, Schaffhausen, ein.

Das Ehepaar Kriemler-Schoch mit Rex auf der Terrasse der Villa Fels. Die Brüder Ernst (links) und Max Kriemler mit Vater Albert Kriemler.

«Wir stellten zwei Vertreter ein, die meinen Vater ersetzen sollten, aber es ging nicht. Mutter war ratlos, und ich kam nicht weg.» Doch inzwischen will Max Kriemler gar nicht mehr weg, da er ausgezeichnete Umsätze macht und sich als Zweiundzwanzigjähriger schon fast als Unternehmer fühlt. Als solcher nimmt er auch die Einkaufspreise unter die Lupe: «Wir sassen mit einem Stoffvertreter auf dem Balkon und schauten uns die Kollektionen an.» Während der Vertreter die Toilette aufsucht, sieht er in den Unterlagen, dass er die Konkurrenz um zwanzig Rappen billiger beliefert. «Der Vertreter fiel aus allen Wolken, als ich ihn damit konfrontierte.» Alice Kriemler hat nie um die Stoffpreise gefeilscht und stets den geforderten Preis bezahlt. Das soll sich nun ändern.

Der Krieg geht zu Ende. «Offizieller Frieden», steht am 8. Mai 1945 gross in Alice Kriemlers Tagebuch. Sie feiert ihn mit ihren Freundinnen im Café Pfund, bevor abends die Glocken läuten. Ihr Unternehmen hat mit seinen Alltagsprodukten die Weltwirtschaftskrise und den Zweiten Weltkrieg überstanden. Das Credo von Alice Kriemler-Schoch zahlt sich aus: Sie setzt auf hohe Qualität und damit auf eine straffe Führung der rund vierzigköpfigen Belegschaft. Gleichzeitig hat sie ein offenes Ohr für die privaten Probleme ihrer Mitarbeiterinnen, wie im Gespräch mit Anni Pfister-Rusch zu erfahren ist. Die Unternehmerin habe sich für die jungen Frauen eingesetzt, erzählt sie, auch sie habe ihr sehr viel zu verdanken. Die Näherin nahm ihre Arbeit 1944 auf: Als Albert Kriemler-Schoch starb, besuchte ihn auch Anni Rusch am Totenbett.

Dank der persönlichen Wertschätzung und der familiären Atmosphäre bleiben Alice Kriemler die Mitarbeiterinnen mit ihrem Know-how über lange Zeit erhalten. Für zusätzliche Stabilität sorgen loyale Nichten und Schwägerinnen. Dennoch wird es in den Jahren des Aufschwungs in St. Gallen zunehmend schwierig, gute Näherinnen zu rekrutieren. Die Löhne der Schürzennäherinnen stagnieren: «Die Verkaufspreise liessen sich nicht beliebig anheben», erklärt Max Kriemler das Dilemma. Die Preise für Trägerschürzen hätten sich Ende der Vierziger-, Anfang der Fünfzigerjahre zwischen 4.90 und 15 Franken bewegt, jene für Berufsschürzen zwischen 13.50 und 19.80 Franken. «Die Frauen waren nicht bereit, für Schürzen höhere Preise zu bezahlen, auch wenn sie noch so perfekt verarbeitet waren.»

Um 1940 hatte die Bekleidungsindustrie begonnen, Teilproduktionen in ländliche und grenznahe Regionen mit tiefen Lohnkosten zu verlagern. Und so schauen sich auch die Kriemlers im Rheintal um. Elsa Marthaler-Schoch

Die Schürzenabteilung A. Kriemler-Schoch in St. Gallen, Vierzigerjahre.

führt eine Papeterie in Heerbrugg, ihr Mann Rudolf gibt als Verleger und Buchdrucker den «Rheintaler» heraus. Alice Kriemler pflegt regen Kontakt zu ihrer Schwester und auch ihre Söhne halten sich häufig im Rheintal auf. Sie galoppieren mit ihren Pferden übers Rheinvorland, nehmen an Springkonkurrenzen und Turnfesten teil. «Eine Ablage in Grenznähe macht Sinn», sagen sie sich. «Vielleicht kommt man dort einfacher zu Personal.»

Das «Büdeli» wird eingerichtet

Max Kriemler wendet sich an Katharina Dietsche. Die Kriemler-Kundin führt mitten in Kriessern einen Kolonialwarenladen mit Mercerieabteilung. Auch Schürzen gehören zum Angebot. «Ich fragte sie nach einem freien Raum und sie nannte mir ein nettes, sonniges Lokal in einem Bauernhaus an der Kirchdorfstrasse.» Die Rede ist vom «Büdeli», wie das ehemalige Stickereilokal der Familie Langenegger von den einheimischen Näherinnen genannt wird.

«Kriessern wird eingerichtet», schreibt Alice Kriemler am 11. Juli 1946. Und am 21. Juli 1946 schaut sie dort persönlich zum Rechten. Im abgelegenen

Kleinbauerndorf am Rhein finden sich genügend arbeitswillige, von Handarbeitslehrerinnen gedrillte junge Frauen, die exaktes Arbeiten gewohnt sind. «Ganz gute, tüchtige Mädchen, korrekt, sauber und nett», blickt Max Kriemler zurück. Doch grossen Kontakt hat er nicht zu den Näherinnen. «Man stellte sie ein und dann ging es über die Mutter oder ihre rechte Hand.» Sein Bruder Ernst packt die Stoffbündel ins Auto und fährt einmal pro Woche via Marbach nach Kriessern, wo ihm bei der Fahrt übers Ried immer wieder Feldhasen unter die Räder geraten. Noch hat die intensive landwirtschaftliche Nutzung der Rheinebene die Hasenpopulation nicht dezimiert.

Als erste Vorarbeiterin wird Anni Rusch nach Kriessern delegiert. Sie hat zwei Jahre Näherfahrung bei Akris, wie sich das Konfektionshaus künftig nennen wird, und kommt bei der Familie Langenegger unter, die das Nählokal im Erdgeschoss vermietet. Die Vorarbeiterin teilt das Schlafzimmer mit Tochter Marie, die ebenfalls im «Büdeli» näht. Anni Rusch verteilt die zugeschnittene Ware morgens an die Näherinnen, kontrolliert die Nähte und führt die Akkordlisten. Doch eigentlich fühlt sich die St. Gallerin viel zu jung, um den sieben praktisch gleichaltrigen Näherinnen Anweisungen zu geben. Und wie soll sie reagieren, wenn die Arbeiterinnen kurzfristig wegbleiben, weil sie von ihren Familien zu dringenden Feldarbeiten herangezogen werden?

11. Januar 1947: «Samstag. Herr Klaus ist mit Max und mir nach Kriessern gefahren. Unser Wagen ist defekt. Anni Rusch hat Differenzen mit Klara Dietsche und Hilda Hutter. Ich musste schlichten. Anni Rusch will nicht mehr in Kriessern bleiben. Max hat neue Kleidung von Dietsches Schwiegersohn.»[1] Die Besprechung mit Anni Rusch findet auf einem Spaziergang im Ried statt. Die beiden lassen sich am Wegrand nieder, die Unternehmerin zieht ein Butterbrot aus der Tasche und teilt es mit der Vorarbeiterin.

Um Anni Rusch abzulösen, schickt Alice Kriemler ihre Nichte Annerös Schoch nach Kriessern. Auch sie hat das Konfektionshandwerk bei Akris gelernt. Sie fährt täglich mit dem Zug von Niederuzwil nach Altstätten. Von dort geht sie eine Stunde zu Fuss nach Kriessern: «Sobald ich den Kirchturm sah, dachte ich, jetzt kommt es dann.» Die Heimfahrt ist etwas bequemer, abends fährt sie der Posthalter mit seinem kleinen Postauto nach Altstätten.

1 Herrenschneider Erwin Hutter, Vater der Clownin Gardi Hutter, der später mit seiner Frau Irma Hutter-Dietsche ein Modegeschäft in Altstätten betreibt.

Noch fährt sie nicht selbst: Alice Kriemler unterwegs, späte Vierzigerjahre.

Ab und zu übernachtet sie im Restaurant Sonne, später bezieht sie ein Zimmer über Dietsches Kolonialwarenladen.

Als Annerös Schoch ins Hauptgeschäft zurückkehrt, wird mit Klara Dietsche erstmals eine Kriessner Näherin zur Vorarbeiterin bestimmt. Annerös Schoch unterstützt ihre Tante künftig als «rechte Hand» in St. Gallen und bleibt dem Unternehmen über fünfzig Jahre erhalten. «Man darf nie sagen, man kann es nicht, man muss es versuchen, dann geht es», so eignet sich die Nichte die Devise ihrer Tante an. Sie schneidet die Stoffe zu, näht die Muster, beaufsichtigt den Nähsaal, schaut in den auswärtigen Nähereien zum Rechten und bringt später Alice Kriemlers Schwiegertochter Ute Kriemler das Nähen bei. Selbst die Vorhänge und die Bettüberwürfe im 1983 eröffneten Hotel Einstein kommen aus ihrer Nähmaschine. Und weil sie ihrem Mann Paul Leuenberger nach der Heirat nicht in den Aargau folgen wollte, trat auch dieser eine Stelle bei Akris an – um 35 Jahre lang zu bleiben. Wird Annerös Leuenberger-Schoch auf ihre Tante angesprochen, ist sie des Lobes voll: «Alice Kriemler war perfekt und kam bei allen gut an. Eine bescheidene, sehr liebenswürdige Frau, die ihre Mitarbeiterinnen anleitete und ihnen auch bei privaten Problemen beistand.»

Kleine Margen

Das Schürzengeschäft läuft gut, aber die Margen bleiben klein. Max Kriemler forciert die Kleider- und Blusenproduktion und Alice Kriemler notiert: «Max war mit den Blusen bei Ober Zürich vorgeladen. Wir hatten Glück. Ca. 900 Blusen bestellt. Dies hat uns gefreut.» (25. Oktober 1949) Das grösste Textilwarenhaus von Zürich steht an der Sihl und befördert seine Kundschaft als erstes Kaufhaus der Stadt mit einer Rolltreppe durch die Etagen.

Im Dezember 1949 überträgt Alice Kriemler die Schürzen- und Kleiderfabrik A. Kriemler-Schoch an ihren Sohn Max. Die Firmengründerin behält die Einzelprokura. Ebenso André Hirt. Der ehemalige Lehrmeister von Ernst Kriemler ist inzwischen bei Akris im Aussendienst tätig. Ernst Kriemler, der nach dem Tod seines Vaters als gelernter Schneider in der Zuschneiderei wirkt und später in der Romandie und bald darauf in der ganzen Schweiz Schürzen und Kleider verkauft, hat andere Pläne. Er verlässt das Unternehmen und zieht nach St. Moritz, wo er auf einer seiner Verkaufstouren seine künftige Ehefrau Rosmarie Müller kennengelernt hat.

Alice Kriemler achtet sehr auf ihre Gesundheit, sie geht schwimmen, macht ausgedehnte Wanderungen und Skitouren:

4. Februar 1951: «Morgens bin ich nach Lisighaus gefahren. Ganz allein. 2 × Gamserrugg gefahren. Ziemlich schöner Tag, etwas überzogen, auf der Höhe starker Wind.»

Sie pflegt aber auch die Geselligkeit: im Schwimmclub, beim Alpenklub-Abend in Rheineck bis in die frühen Morgenstunden, am Ball des katholischen Turnvereins im Schützengarten mit Sohn Max oder an der Feldpausch-Modeschau im Zürcher Kongresshaus. Doch Vorrang hat stets die Arbeit.

28. Februar 1951: «Bin in Kriessern gewesen. Es wollen zwei Näherinnen weg, die ich nicht gehen lassen will.»
1. März 1951: «Bei den Schürzen haben wir so viel zu tun, dass wir Herrn Halter und Herrn Hirt kaum mehr auf die Reise schicken dürfen.»
2. März 1951: «Herr Hirt hilft schneiden.»
17. März 1951: «Lüchinger Oberriet Kurbelmaschine gebracht.» Mit der Kurbelmaschine lassen sich erhabene Ornamente und Schriftzüge sticken.
Ernst Kriemler übernimmt das Merceriegeschäft seiner Schwiegereltern in St. Moriz und heiratet Ende Juni 1951. Seine Mutter hält ihn zum Sparen an: «Wir sind der Meinung, dass das Ross verkauft und kein Wagen gekauft werden sollte. Nun soll eingeschränkt werden, weil der Laden umgebaut werden soll und sonst alles viel kostet.»
22. Mai 1951: «Max mit den Blusen bei Ober gewesen. 1200 Blusen bestellt bekommen. Hatte grosse Freude.»
Immer wieder kommentiert Alice Kriemler den Geschäftsgang. Sind die Schürzenbestellungen knapp, werden schwarze Schürzen fürs Lager produziert. Überwiegen sie, stellen die Näherinnen der Kleiderabteilung auf Schürzen um. Für kurze Zeit produziert Akris auch Badekleider für Frauen. Man stellt einfache Hemdblusen und Chemisekleider her. Da damit eine höhere Marge erzielt wird, übertrifft die Kleiderproduktion ab 1952 den Umsatz der Schürzenfabrikation.[1]

Cocktailkleider

1953 präsentiert Akris an der Zürcher Einkaufswoche erstmals schöne Cocktailkleider. Die Einkaufswochen für Kleider, Blusen, Mäntel und Kostüme werden jährlich zweimal in Zürcher Hotels und später in eigenen Verkaufsräumen organisiert.
8. Juni 1953: «Max ist die ganze Woche in Zürich. Der Verkauf ist sehr gut. Gar kein schönes Heuwetter, auch nicht gut für die Sommerkleider.»
Inzwischen lässt Akris viele Teile auswärts produzieren: in Lohnnähereien im Tessin, in Chur, Arbon, St. Margrethen und in den eigenen Nähereien in Kriessern und Lindau. Vor den Sommerferien wird in der Schürzenabteilung eine neue Dampfbügelanlage eingerichtet. Und anschliessend geht es nach Bad Ragaz. Ein Bild zeigt die braun gebrannte Firmengründerin im schicken, ärmelfreien Stickereitop mit Max Kriemler beim Tee im Kursaal

1 Sonja Yvonne Püntener: Akris – von der Schürze zur Abendrobe. Eine St. Galler Erfolgsgeschichte, Seminararbeit Universität St. Gallen 2004.

sitzen. Nach gemeinsamen Tagen mit ihrem Sohn logiert Alice Kriemler alleine im «Hof»: «Pensionspreis 25.– + 10 % Bedienung.» Auch in St. Moritz hält sie sich regelmässig auf. Sie sitzt mit ihrer Schwiegertochter Rosmarie vor dem Skifahren beim Frühstück im Hotel oder lässt sich mit ihr und den beiden Söhnen im Pferdeschlitten durch das sonnige Hochtal ziehen.

Zurück an die Arbeit:
6. Juli 1954: «Schürzenmusterung ist fertig. In Kriessern nähen nun 5–6 Näherinnen Barchent-Kleider u. Blusen, weil zu wenig Schürzen-Nachbestellungen. Man ist nicht mehr mit d. Schürzen auf die Reise.» Die Schürzenproduktion liegt Alice Kriemler am Herzen. Wird sie vernachlässigt, vertraut sie dies ebenso ihrem Tagebuch an wie die Genugtuung darüber, dass die Kleiderabteilung mangels eigener Bestellungen Schürzen näht. Sie notiert, wenn die Hausangestellte mit Kündigung droht, weil sie mehr Lohn und eine funktionierende Zentralheizung fordert, wenn sie mit Schwester und Schwager Marthaler die Parteiversammlung der Freisinnigen besucht und wenn die Walhalla brennt (11. Juli 1955).
6. Oktober 1955: «Bin nach Kriessern gegangen. Melitha[1] heiratet. Klemente[2] kommt nach. Phonograph[3] gemietet für Englisch zu hören.» Mit den Englischlektionen bereitet sie sich auf ihre erste Amerikareise vor, die sie nach ihrem sechzigsten Geburtstag antreten wird. Sie will ihre Schwester Ida Rusterholz-Schoch besuchen, die nach Florida ausgewandert ist. Aber erst wird gefeiert:
4. September 1956: «Geburtstag. Am Morgen, als ich ins Geschäft kam, war mein Pult voller Blumen und da war auch eine Ständerlampe. Welche Überraschung. Ich dankte und wir sangen alle miteinander ‹Grosser Gott, wir loben dich› und noch zwei andere Lieder. Im Geschäft hatten wir einen Freudentag. Abends kamen Ernst und Müllers. Herr Saxer ca. 7 Uhr. Zum Nachtessen. Wir konnten auf der Terrasse essen, bei Kerzenlicht, herrlich. Auf später waren eingeladen Klaus, Weber [...]. Kaltes Buffet von Kurt Büchi. Um 9 Uhr kam ganz zu meiner Überraschung der Jodler-Klub von Flawil. [...] Es war ein grosser Genuss für alle, das zu hören. Der ganze Abend war zur Freude aller ausgefallen. 11 1/2 Schluss.»

1 Melitha Dietsche-Baumgartner, Vorarbeiterin.
2 Klementina Rodighiero-Langenegger, Vorarbeiterin.
3 Gemeint ist vermutlich ein Grammophon.

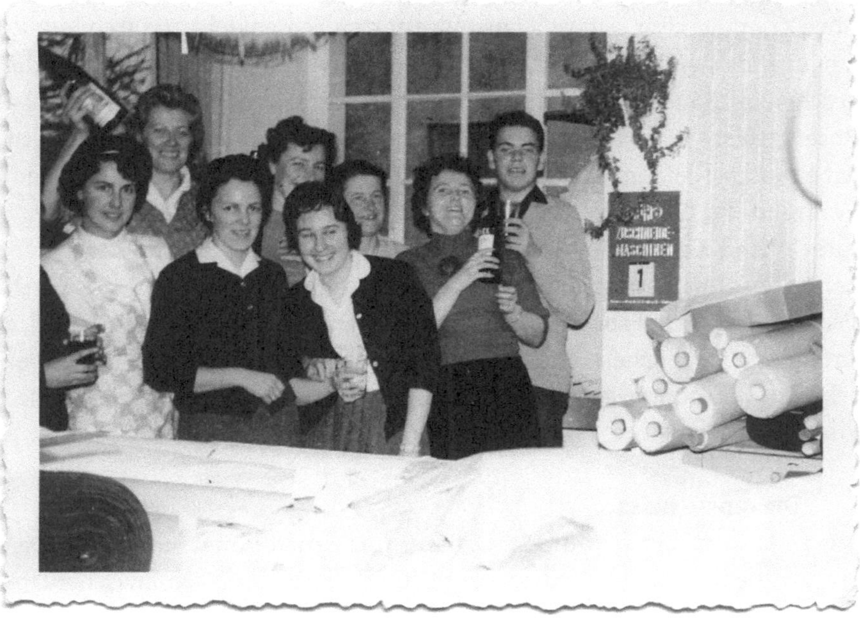

Zuschneiderei in Lindau, 1958.

Alice und Max Kriemler beim Tee im Kursaal, Bad Ragaz, Fünfzigerjahre.

Alice Kriemler lässt sich im blau gemusterten Seidenkleid an ihrem dunklen Jugendstilpult fotografieren – eine Pergamentrolle in der Hand und die geschenkte Ständerlampe im Rücken. In den bemalten Vasen stecken gelbe Rosen, weisse Gladiolen und rote Nelken. Das Pult grenzt an einen langen Arbeitstisch, Kleiderschürzen hängen zur Weiterverarbeitung an der Wand. Während die Gesamtleitung des Unternehmens bei Max Kriemler liegt, führt Alice Kriemler ihre Schürzenproduktion weiter. Die Zahl der Mitarbeitenden – sie beträgt inzwischen 150 Personen – steigt stetig an, durch Vergrösserung der Fabrikation und durch Betriebsübernahmen, die in Alice Kriemlers Tagebüchern nur nebenbei erwähnt sind. Wenn sie darüber schreibt, verknüpft sie die Nachricht mit der Sorge um ihren Sohn Max, der künftig noch grössere Aufgaben zu bewältigen habe.

Die grosse Reise

Am 11. Januar 1957 tritt die St. Gallerin ihre grosse Amerikareise an. Das Flugzeug hebt um zweiundzwanzig Uhr in Kloten ab. Nach Zwischenlandungen in Frankfurt und Shannon trifft Alice Kriemler anderntags um achtzehn Uhr in New York ein. Sie hat ihr gebundenes, schweres Tagebuch zu Hause gelassen und hält ihre Reisenotizen auf einem kleinen Schreibblock fest. Ganz Schneiderin, befestigt sie die Zettel, auf denen sie die Wärme- und Kältegrade von Celsius auf Fahrenheit umrechnet, mit einer Sicherheitsnadel am Notizblock. In Florida angekommen, verrichtet sie mit ihrer Schwester vormittags Hausarbeiten. Nachmittags besteigen sie den grau-weissen Buick und machen Besuche im Freundeskreis. Die Farm ihres Neffen Adolf kommentiert sie als Bauerntochter ausführlich.

17. Januar 1957: «Ich staunte die grosse Menge Kühe an. Holstein und Jersey Kühe ca. 400 Stk. Das Melken mit der Maschine ist interessant. Adolf liefert jeden Tag das ganze Jahr mindestens 3000 lt. Milch ab. In einem grossen Behälter wird sie umgerührt und abgekühlt. Die Milch wird abgeholt und pasteurisiert und in Kartonflaschen abgefüllt (lt.) 28 Cent, 1,18 Fr. Adolf erhält für die Milch 63 Rp. [...] Adolf hat Kühe, die täglich 40 lt. Milch geben. Die Milch wird nach Fettgehalt bezahlt. 4% ist Vorschrift [...]. Das Vieh ist den ganzen Tag im Freien, nur zum Melken kommen sie in den Melkraum. Alle stehen bereit, wenn es Zeit ist zum Melken.»

Abends besucht Alice Kriemler Englischkurse. Schon die Februareinträge sind in Englisch gehalten. Diese Gewohnheit behält sie auch später bei. Nicht alle, aber viele Aufzeichnungen hält sie auf Englisch fest. Im Juni

Alice Kriemler mit Haushälterin Hanny Graf vor der Villa Fels.

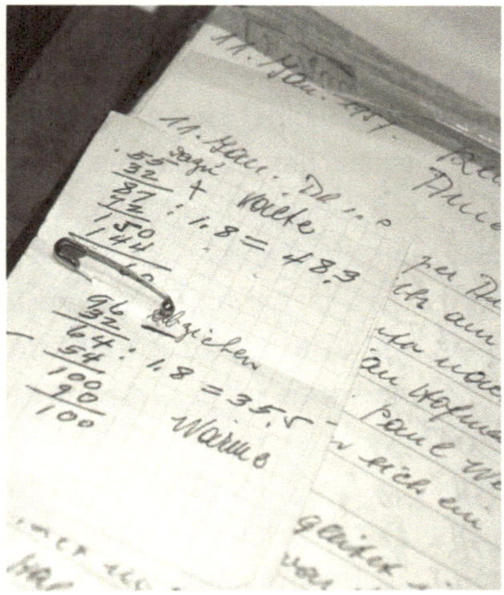

Das Reisetagebuch und die Sicherheitsnadel.

60 Jahre Alice Kriemler-Schoch: nach der Feier am Arbeitsplatz, 1956.

geht's mit dem Auto auf die Abschlussreise von Orlando nach Hartford: «Jeden Tag 8 Stunden Fahrt. Jeden Tag 695 km.» [Englisch] Mit vier Stunden Verspätung landet sie am 26. Juni 1957 in Kloten: «Dankbar und glücklich stieg ich aus dem Flugzeug.» [Englisch] Auf der Terrasse winken die Söhne Max und Ernst, Onkel Ulrich, ihre Nichte Annarosa mit Paul Leuenberger, Haushälterin Hanny Graf, Schwester Elsa und Schwager Ruedi Marthaler. Und schon ist sie im Geiste wieder im Geschäft: «Swissair-Schürzen machen evt. für Kinder», schreibt sie ins Tagebuch. Zu Hause geniesst sie die Sommerabende auf der Terrasse und die Kirchenglocken, die sie in den USA so sehr vermisst hatte.

Selbst das St. Galler Kinderfest wird nun auf Englisch thematisiert:

1. Juli 1957: «Ich habe viele Stunden in der Fabrik gearbeitet. Abends ging ich mit Frau Trachsel laufen. Das Kinderfest ist auf morgen angesagt. Abends kündigt sich ein Gewitter an. Die Kinderfestkommission hat beschlossen, das Kinderfest auf Mittwoch zu verschieben.» [Englisch]

Wer die Einträge liest, sieht eine wissbegierige Unternehmerin am Schreibpult vor sich, entschlossen, ihre frisch erworbenen Englischkenntnisse zu festigen. Wo ihr die englischen Begriffe nicht zur Verfügung stehen, mischt sie die Einträge flugs mit deutschen Ausdrücken.

26. Juli 1957: «Summerdresses are quite gone by, but we have to make ready many Berufsschürzen.» (Die Sommerkleider sind praktisch vorbei, aber wir müssen noch viele Berufsschürzen fertig machen.)

27. Juli 1957: «Zenti had to make ready many Berufsschürzen-Knopflöcher and two persons had to glätten.» (Zenti hatte noch viele Berufsschürzen-Knopflöcher zu machen und zwei Personen mussten glätten.)

Der Abbruch

Die Villa Fels soll abgerissen werden. Ein Neubau ist geplant.

25. September 1957: «Nun brechen wir bald unser Haus ab. Es tut mir sehr leid, aber ich muss mich an die Situation gewöhnen. Wir haben Probleme im Geschäft. Viele Aufträge sollten ausgeliefert und zahlreiche Modelle sollten genäht werden.» [Englisch]

3. Oktober 1957: «Habe mich nun entschlossen, meine Wohnung auf dem obersten Stock zu nehmen, neben Max im Neubau.»

19. Dezember 1957: «Thursday. Wir organisierten eine Weihnachtsfeier in der Fabrik. Ich zeigte die Bilder, die ich in Amerika aufgenommen hatte. Frau Trachsel gab mir einen Projektionsapparat zum Vergrössern meiner

Die Bauvisiere stehen: Villa Fels vor dem Abbruch.

gekauften Ansichtskarten. Das gab sehr schöne Bilder. Alle Mädchen freuten sich sehr, als sie die Bilder sahen. Die Kriessern Mädchen waren auch hier, 11 Personen. Wir hatten eine schöne Feier. Alle freuten sich an dem Film, 1 1/2 Std. Dauer.» [Englisch]

Am 1. Januar 1958 beginnt die 47-Stunden-Woche. Die Minimallöhne werden um zehn bis zwanzig Rappen heraufgesetzt. Im Tagebuch klebt ein Zeitungsausschnitt mit Ehrendamen in bauschigen, weissen Sackkleidern.

30. Januar 1958: «Max kauft Stoff für den nächsten Winter. Wir möchten viele Sackkleider verkaufen. Mir gefallen sie und sie sind sehr einfach herzustellen. Wir haben viel zu tun, um alle Bestellungen rechtzeitig auszuführen.» [Englisch]

Und nun überstürzen sich die Ereignisse: Am 7. April 1958 wird die erste Enkelin Beatrix Maja, Tochter von Rosmarie und Ernst Kriemler-Müller, geboren: «Ich durfte mein lb. Grosskindlein ansehen im Spital. Es ist ein herziges, gesundes Kindlein mit kohlraben-schwarzen Haaren. Ganz üppiger Haarwuchs. Feste runde Bäckli, schön geformtes Gesichtli & Köpfli, 3 kg 300 gr Gewicht. Ich gab ihm ein Kassenbüchlein mit einer Einlage von 500 Fr.»

Tags darauf beginnt der Abbruch der Villa Fels. Alice und Max Kriemler haben inzwischen eine Ersatzwohnung bezogen. Anfang Mai steht von der Villa nur noch der erste Stock.

8. Mai 1958: «Thursday. Marmorsäulen sind gefallen. Sie werden später gesägt für den Boden verwendet. Der wärmste Tag in diesem Frühling, rich-

tiges Frühlingswetter. Die Bäume blühen so schön, alles freut sich. Nun wird der Verkauf in Sommerkleidern schon einsetzen. Dieser kalte, späte Frühling hat sehr geschadet der Confection. Kleider-Abt. musste Sachen schneiden und nähen von der Schürzen-Abt. Schürzen-Abt. ist sehr gut beschäftigt, genügend Bestellungen.»

13. Mai 1958: «Tuesday. Karstadt hat einen grossen Auftrag gegeben für Lindau. Schönes Wetter. Es ist gut für unseren Aushub am Bauplatz. Traxmaschine & Baggermaschine arbeiten ununterbrochen. Es steht nur noch die Hälfte vom untersten Stock.» Der Abbruch der Villa wird von allen Seiten fotografisch festgehalten. Noch ist der Haupteingang intakt, doch das Treppenhaus, das durch die offene Eingangstüre zu sehen ist, steht bereits im Freien. Das «St. Galler Tagblatt» erinnert am 28. Juni 1958 an die abgebrochene Villa: «Der Architekt, der die Villa schuf, muss einen fein empfindenden Kunstsinn gehabt haben; denn er folgte nicht dem Stil, der damals drüben am Südhang des Rosenbergs sich auszuleben begann. Die Villa Fels war äusserlich sehr einfach, klar in den Proportionen; fern war ihr das Parvenuehafte. Im Innern war sie vornehm. Die Wohnräume umschlossen ein von der Aussenwelt getrenntes Peristyl, dessen edler Schmuck antik gestaltete, zartgrüne Steinsäulen waren. So mag das Heim den heimgekehrten Kaufmann erinnert haben an den aus Lateineuropa nach Lateinamerika getragenen Kolonialstil.»

Mit dem Neubau bricht für Alice Kriemler auch in Sachen Mobilität die Moderne an. Sie will nun endlich Autofahren lernen. Zwei Tage später hat sie die Lernfahrbewilligung in der Tasche und kurz darauf nimmt sie die erste Fahrstunde.

19. Mai 1958: «Monday. Herrlicher Tag [...]. Mit Paul Autofahrstunden, rückwärts fahren geht nicht gut, aber ich möchte es so gerne lernen, die Geduld geht mir nicht aus, hoffentlich dem Fahrlehrer auch nicht.»

Vor ihrem dreiundsechzigsten Geburtstag besteht sie die Fahrprüfung und schon bald erwacht der Wunsch nach einem eigenen Auto:

13. September 1958: «Saturday. Jeden Samstag habe ich Mühe, bis ich einen sauberen Wagen habe. Wenn ich gesund bleiben darf, so möchte ich doch einen eigenen Wagen auf den Frühling.» Doch vorerst behält sie ihren Autowunsch für sich.

23. Dezember 1958: «Tuesday, neblig, trocken. Kriessern-Mädchen werden vormittags abgeholt für die Weihnachtsfeier hier. Weihnachtsfeier: 5 Uhr. Sehr feierlich. Frl. Hugentobler und Frl. Meier begleiteten die Weihnachts-

Akris-Schürzen, Fünfziger- und Sechzigerjahre.

lieder schön. Zenti spielte Gitarre, es sangen dazu sechs Mädchen. Herr Kürsteiner führte. Max hielt eine schöne Ansprache, alle freuten sich. Ich sagte: Bewahre uns vor Kleinlichkeit. Alles nahm einen schönen Verlauf.»

14. Januar 1959: «Wednesday. Es schneit und regnet. Herr Saxer von der Fabrikpolizei war bei uns. Es ist geklagt worden, dass der Zahltag während der Arbeitszeit gegeben werden muss.»

20. März 1959: «Habe Max und Ernst gesagt, dass ich einen eigenen Wagen haben möchte. Ernst wird das an die Hand nehmen und ich freue mich sehr darauf. Denke einen DKW. Fühle mich so schön glücklich daheim, es ist nirgends so beglückend. Ein schönes Heim zu haben und noch eine Arbeit machen zu können mit einem gesunden Körper und fröhlichem Sinn, was willst du noch mehr, nein!» Alice und Max Kriemler wohnen inzwischen im Attikageschoss des komfortablen Mehrfamilienhauses, das am Standort der Villa Fels nach den Plänen von Max Kriemler erstellt worden ist.

Wohlbefinden und Sorgen wechseln sich ab. Die Seniorchefin ist nervlich angeschlagen, Unstimmigkeiten unter den Mitarbeiterinnen setzen ihr zu, ihr Gehör hat sich verschlechtert: «Fortdauernde Beanspruchung des Gehörs und der Kopfnerven während 45 Jahren im Maschinenlärm sei die Ursache dieses Leidens», zitiert sie ihren Arzt. Und hinten im Tagebuch findet sich der Spruch, den sie beherzigen will: «Besser eine Stunde später am Ziel als eine Minute früher auf dem Friedhof». Sie erholt sich auf ausgedehnten Wanderungen, gönnt sich Massagen, entdeckt die Atemtherapie und besucht regelmässig die Treffen des Clubs der Berufs- und Geschäftsfrauen (BGF), dem sie über viele Jahre eng verbunden bleibt. Sie fährt mit dem Club, der sich heute Business and Professional Women (BPW) nennt, nach Bad Ragaz, auf den Bürgenstock oder an die Saffa[1] in Zürich. Die Schweizerische Ausstellung für Frauenarbeit zeigt den Männern im Vorfeld der eidgenössischen Abstimmung über das Frauenstimmrecht die Leistungen der Frauen auf. Mit wenig Erfolg: Das Frauenstimmrecht wird trotzdem abgelehnt. Beim BGF hört sich die Akris-Gründerin auch einen Vortrag über die «Wühlarbeit des Kremls in Europa» an: «Es war höchst interessant. Jedes soll an seinem Platze den Kommunismus bekämpfen.»

Die neue Ordnung

Alice Kriemler wohnt mit ihrem siebenunddreissigjährigen Sohn praktisch im gleichen Haushalt. Sie haben zwar eigene Räume mit Blick über die Stadt

1 Zweite Schweizerische Ausstellung für Frauenarbeit in Zürich.

bezogen, teilen sich aber nach wie vor Küche und Haushälterin und nehmen zusammen die Mahlzeiten ein. Kaum sind sie eingezogen, bahnt sich eine Veränderung an:
6. Mai 1959: «Max geniesst seine schöne Wohnung in vollen Zügen und hat sozusagen jeden Abend Visite, obwohl ihm früh ins Bett zu gehen sehr wohl täte. Er fühlt sich gut, aber ich finde, dass er keine Reserven hat.»
12. Mai 1959: «Frl. Ute Winkhaus ist noch hier bei Max auf Besuch. Es ist ein nettes Fräulein aus Hessen. Max und Ute haben das Abendessen bereitet und mich dazu eingeladen. Nun ist die neue Ordnung da, ich muss mich in meinem Reiche aufhalten, so viel als möglich. Es ist mein Paradies.»
22. Juni 1959: «Monday, gewitterhaft. Max hat mir angeläutet, ich müsse mich auf allerlei gefasst machen. Ute soll die liebe Auserwählte sein. Will alles willig und freudig annehmen, dann wird alles gut gehen und nur noch in meiner eigenen Wohnung mich aufhalten, damit ich ja nicht die jungen Leute störe. Wenn nun eine junge Frau dann für Max ganz einsteht, so ist mein Wunsch erfüllt.»
28. Juni 1959: «Bedeckt. [...] Max und ich haben uns ausgesprochen. Max und Ute wünschen für sich eine abgeschlossene Wohnung. Ich muss ein Wohnzimmer abgeben und das Gästezimmer dafür nehmen.»
6. Juli 1959: «Monday unbeständig. Ute kauft nun die Küchen-Ausstattung und ihr eigenes Schlafzimmer. Nun ist die Stunde da, wo ich meinen eigenen Haushalt einrichten muss.» Kurz bevor sie sich in ihre eigenen Räume zurückzieht, bekommt Alice Kriemler ihren lang ersehnten eigenen Wagen aus der Garage Eggenberger, Heerbrugg: einen hellgrünen Fiat mit dunkelgrünem Dach und Steuerradschaltung.
«Alice Kriemler hat mich bereitwillig in ihren Schwiegermutterschoss aufgenommen», erzählt Ute Kriemler im Café Einstein. «Sie wusste, dass ich es vielleicht nicht ganz leicht hatte als Ausländerin und mit meinem Mann, für den das Geschäft so sehr im Vordergrund stand. Sie war stets besorgt, dass es mir gut ging.» Ute Kriemler spricht von einem «mütterlich-töchterlich-freundschaftlichen Verhältnis». Das gute Einvernehmen zwischen Schwiegermutter und Schwiegertochter ist keine Selbstverständlichkeit, immerhin hat die junge Frau die siebenunddreissigjährige, enge Lebensgemeinschaft zwischen Mutter und Sohn beendet.
24. Juli 1959: «Friday sehr schön. Arbeitsschluss vor den Ferien. Es ist alles so gut gegangen, habe grosse Freude und bin sehr glücklich [...]. Habe noch et-

liche Cocktailschürzli gemustert, schöne waren dabei nach meiner Ansicht. Will sehen, wie sie gehen.»

Schwester Ida aus Amerika ist zu Besuch in St. Gallen:

13. August 1959: «Thursday schön. [...] Nachmittags 3 Uhr sagt Max, ich könne weggehen. Ida und ich fuhren nach Gais zu Edith [...]. Arno hat zu unserem Leidwesen einer Henne den Garaus gemacht in Gais. Musste 8 Fr. bezahlen dafür.»

16. August 1959: «Sunday bedeckt ziemlich schön. Mit Ida zur Kirche gegangen in die Laurenzen. Ida kocht nach Amerikaner Art das Poulet, das Arno gefangen hat.»

Am 5. September läuten für Max Kriemler und Ute Winkhaus die Hochzeitsglocken:

«20 Reiter hoch zu Pferd mit weissen Hosen, Zylinder und schwarzem Kittel. So ging es zur Kirche, langsam, alles freudeerfüllt. Eine grosse Menge Leute waren in der Kirche. Besonders freute es mich, dass alle Arbeiterinnen auch bei der Trauung anwesend sein konnten. Pfarrer Süss hatte eine sehr inhaltsreiche Predigt, die nicht nur den jungen Leuten galt, sondern auch den erfahrenen Eheleuten. Herrliches Orgelspiel mit Violine.»

Am Montag räumt Alice Kriemler ihre kleine Küche ein. Glück über ihre eigene, kleine Wohnung und Ratlosigkeit wechseln sich ab.

24. September 1959: «Thursday schön. [...] Morgens und abends koche ich mit Freuden selbst. Mittags bringt Hanny[1] immer das Essen und ich esse dann in meinem schönen Kücheli. Freue mich, wenn ich mit der Zeit eine andere, untere Wohnung erhalten kann, damit Max und Ute nicht auf mich Rücksicht nehmen müssen.»

25. September 1959: «Friday schön. [...] Letzter Tag Überzeit bis 7 Uhr. Das ist zu lang. Kann es einfach nicht mehr ertragen, so lange zu arbeiten und dann noch kochen. Momentan muss ich auf meine Nerven aufpassen. Ohne die Einspritzungen von Dr. Barbely hätte ich diesen seelischen Übergang nicht ohne Schaden aushalten können.»

Das schöne Geheimnis

26. September 1959: «Max und Ute lüften mir ein schönes Geheimnis. Zu dritt dürfen sie durch das schöne Leben gehen. Ich freue mich sehr. Durfte das Nachtessen mit ihnen geniessen. Es ist so schön, die jungen Leute zu sehen.»

1 Hanny Graf, langjährige Hausangestellte der Familie Kriemler.

1. Oktober 1959: «Thursday schön. [...] Mittags nach Kriessern gefahren und im Spital bei Klemente. Das zweite Kind ist geboren. Mit Elsa und Ruedi auf die Burg zum Sausern. Es war ein schöner, freier Nachmittag. Sollte zwar mehr an der Arbeit sein wegen der Schürzenmusterung, aber musste diese Woche endlich einmal für meine Gesundheit schauen. Habe sehr aufgeholt und kann nun alles besser annehmen.»
24. Oktober 1959: «Saturday, sehr schön. Festabend im Uhler 210 Personen. Die Lindauer Arbeiterinnen und Kriessner Mädchen waren auch hier. Leonie und Marthalers. Max hatte eine sehr schöne Ansprache an die Leute. Ich bin als Gründerin geehrt worden mit einem Blumenstrauss. Es war so unerwartet und ich war ganz überrascht. Der ganze Abend war voll Belustigung und der Saal war reich geschmückt mit Zeichnungen und Babysachen.»
26. Oktober 1959: «Monday bedeckt, mild. Max ging noch einige Muster an in offenen Schürzen-Kleidern. [...] 15 verschiedene, schöne Kleiderschürzen waren bis abends 9 Uhr erstellt worden. Wir hatten vorher zu wenig durchgeknöpfte gemacht.»
1. November 1959: «Sunday. Hier ist noch Schnee. [...] Max ist mit Ute auch zu Fuss gegangen, das hätte ich doch viele Jahre gewünscht, dass er mehr laufen ginge.»
7. Dezember 1959: «Monday sehr schön, Nebel. Erster Arbeitstag nach 4 Wochen Ferien. Ich freue mich an der Arbeit! [...] Bin schon bald wieder am Zügeln, weiss noch nicht, ob ich Parterre oder 1. Stock erhalte.»
Vier Bundesräte treten ab, wie im Tagebuch zu lesen ist. Am 18. Dezember sind vier neue gewählt: «Dr. Bourgknecht, Dr. Spühler, von Moos, Tschudi.» Und wieder geht es Schlag auf Schlag: Am 1. Februar 1960 bezieht Alice Kriemler die Parterrewohnung. Der Vormieter bleibt ihr vorerst als Untermieter erhalten. Auch die neue Haushälterin zieht mit ein. Und schon kündigt sich die Geburt ihres Enkels Albert an:
7. Februar 1960: «Max ist die ganze Nacht bei Ute geblieben im Spital. Morgens 9–11 Uhr ging es rasch vorwärts. 11.10 kam das Albertli. Welche Freude! Es war etwas lang gegangen, aber doch gut. Mutter & Kind sind wohlauf. Der Chefarzt Kaiser war anwesend, ein ganz feiner Mensch. Er hat mir erlaubt, ins Gebärzimmer zu gehen nach der Geburt. Erster Tag in der Stube gegessen, feierlich & schön.»
Zurück zu den Schürzen:
10. März 1960: «Thursday sehr schön. Ute, Frl. Mäder & ich fahren nach Kriessern. Wir sehen, dass wir noch 1–2 Maschinen hineinstellen können.»

Enkel Albert ist geboren: Alice Kriemler besucht ihre Schwiegertochter im Spital.

Damit sie eine Idee von der Produktion bekommt, will Ute Kriemler das Handwerk der Schürzen- und Blusenkonfektion von Grund auf lernen.
21. März 1960: «Ute näht Schürzli bei uns. Sie ist so fleissig und herzig in unserem Saal.»
Und Ute Kriemler meint dazu: «Meine Schwiegermutter hat mich mehr als liebevoll in dieses Handwerk eingeführt. Sie war hocherfreut, dass ich in der Firma arbeitete und mich ständig weiterbildete. Ich vermisse sie heute noch.»

Die fremden Männer

Das Unternehmen wächst und Alice Kriemler schreibt: «Wir haben nun einen neuen Chef halbtags erhalten. Herr Wiedenhorn; er ist ziemlich tüchtig. Muss mich an die fremden Männer gewöhnen.» Und am 23. März 1960 heisst es im Tagebuch: «Habe mich nun wieder der Lage angepasst. Hilf dir selbst, so hilft dir Gott.»

Mitte April wird General Guisan beerdigt, und Mitte Juni gehen die Bestellungen zurück. «Das Regenwetter schadet kolossal. Kriessern-Mädchen gehen abends nach Teufen ins Ferienhaus. Paul hat sie in Teufen abgeholt.»

In diesem Sommer ist Alice Kriemler nicht zufrieden mit der Qualität der gelieferten Schürzen. Sie fährt häufiger nach Kriessern, um die Näherinnen zum exakten Arbeiten anzuhalten. Mit Erfolg, wie spätere Einträge zeigen.

29. Juli 1960: «Friday, schön endlich. Letzter Arbeitstag vor den Ferien. Es ist noch alles gut gegangen. Im 3. Stock ist umgestellt worden. Eine neue Schneid-Sägemaschine. Herr Wiedenhorn hat dies organisiert.»

Die Musterung von neuen Kollektionen ist anspruchsvoll und erfolgt in der Regel unter hohem Arbeitsdruck. Das Zeichnen der Modelle, die Wahl der Stoffe, das Zuschneiden und Nähen der Kleidungsstücke gehören ebenso dazu wie die genaue Berechnung der Arbeitsgänge für die Preiskalkulation.

11. Oktober 1960: «Tuesday, Regen kühl. Schwere Depression. Unsere Schürzen-Kollektion ist sehr mangelhaft, ich muss es zugeben. Wir haben gar keine neuen Stöffli und im 2. Stock können sie nicht alles mustern, so viel bekommen sie. [...] Nun muss Frau Zuber alles mustern, Kasäkli hat sie genug gemacht. Ich muss nur noch die Trägerschürzen mustern und bekomme nun eine enorme Entlastung. Am liebsten würde ich nur noch am Vormittag arbeiten. Abends Frauenklub.»

«Kein Fleisch am Knochen»

«Die Schürzen meiner Mutter waren von höchster Qualität, genäht in einer Perfektion, die überliefert worden ist», sagt Max Kriemler. «Schade, dass diese Tätigkeit verloren gegangen ist, aber man konnte diese hohe Qualität nicht halten. Man hätte die Preise nicht bezahlt. Als ich in die Firma eintrat, sah ich schnell, dass kein Fleisch mehr am Knochen war und dass wir andere Produkte suchen mussten. Obwohl wir noch gut produzierten, war die Schürzenfabrikation in der Schweiz einfach zu teuer. So wechselten wir immer mehr zu hochwertigen Kleidern.»

Max Kriemler beginnt aber auch, Schürzen aus Kleiderstoffen zu produzieren. Aus Restposten der Textilhersteller Mettler und Fischbacher. Damit ist Akris der Konkurrenz voraus. «Wenn die Stoffe bei den Kleidern bekannt waren, liefen sie dort nicht mehr, aber bei den Schürzen konnten wir sie noch bringen.» Diese Schürzen sind zwar etwas teurer als die gewöhnlichen, doch verkauft werden sie überall, sogar bei Harrods in London.
Die Schürzenproduktion geht weiter, auch ohne «Fleisch am Knochen», wie in Alice Kriemlers Tagebüchern nachzulesen ist. Sie selbst trägt bei der Arbeit ebenfalls Schürzen: schwarze Schürzen nach dem Tod ihres Mannes, farbige Trägerschürzen im Betrieb oder, in späteren Jahren, Halbschürzen in der Küche. Hat sie in den Zwanzigerjahren auch auf den Alltagsfotos eine Schürze getragen, legt sie diese in späteren Jahren ab, bevor sie sich fotografieren lässt.
29. April 1961: «Saturday, Regen kühl. Von nun an jeden Samstag frei. Neuer Stundenplan 45 Std. Woche.»
29. Mai 1961: «Monday, geschneit. Winterwetter anstatt Heuwetter. Wir haben gar keine Schürzenaufträge. Nun endlich ist Herr Oberhänsli auf die Reise. Chauffeur-Dienst & Lagerarbeit hatte er zu machen. Herr Leuenberger war eben im Dienst.»
Im Vordergrund steht nun die Produktion von Blusen und Kleidern, wie sie in den Verkaufsprospekten «Akris Schlager» abgebildet sind. Der kleinformatige, zweifarbige Prospekt für die Herbst/Winter-Saison 1961/62 ist mit Stoffmustern bestückt. Da ist das Modell «Monika»: ein «jugendliches Flanellkleid» aus reiner Wolle mit schmalem Gürtel. Das Fotomodell nestelt beim Posieren keck an der Halskette. Und da ist der permanent plissierte, karierte Terylene-Jupe «Regina» oder das Modell «Lilo», ein enger Wolljupe mit Diorfalte. Dazu assortiert eine getupfte Satinbluse aus reiner Baumwolle. Das karierte Chemisekleid «Katja» aus Baumwollbarchent ist in drei Farbvarianten zu haben: grün-blau, grün-rot und grün-braun. Max Kriemler hat das hohe Qualitätsbewusstsein seiner Mutter übernommen. «Kleider mit Qualität und Klasse» heisst sein Credo.
Zurück zum Tagebuch: Am 18. März 1961 wird Enkelin Susi geboren: «Max ist noch in Arosa. Als Ute ihm anläutete, so glaubte er ihr nicht, dass ihm dieses Glück ohne sein Dabeisein geschehen ist.» Anderntags begrüsst Alice Kriemler ihre Enkelin im Spital: «Die kleine Susi konnte ich auch sehen. Sie ist auch gesund und kräftig und herzig. Welche Freude.»

Dreieinhalb Monate später: «Schön. Ute kommt das erste Mal mit Susi ins Geschäft zum Schürzen schneiden [...]. Albert kann schon gut laufen, allein [...]. Max holte beim Jagdreiten in Diepoldsau den 1. Preis [...].» [Englisch] Die Reiterfolge ihrer beiden Söhne werden stets notiert, Zeitungsausschnitte der Rangverkündigungen eingeklebt, doch als Mutter bleibt sie skeptisch: «Max fühlt sich nicht wohl. Ich bin traurig. Ich denke, dass ihm das Reiten gesundheitlich nicht gut bekommt.» [Englisch]

Das Vorbild

Nicht nur die Tagebucheinträge geben Einblick in das Denken von Alice Kriemler, auch die gesammelten Sinnsprüche und Zeitungsausschnitte charakterisieren sie: «Das Höchste, was ein Mensch im Leben erreichen kann, ist nicht Ruhm, nicht Glück, nicht einmal Grösse, ja auch nicht das Werk, sondern es ist nur: Vorbild werden. Wodurch? Durch sein Sein, sein Sosein, sein Dasein.»

Und ein Vorbild war sie in der Tat für viele. Auch für ihren Enkel Peter Kriemler, CEO von Akris. «Alice Kriemler war eine Persönlichkeit, die in sich ruhte. Es gelang ihr stets, das Positive zu sehen und sich in schwierigen Situationen ein gutes Urteil zu bilden. Unerfreuliches machte sie rasch zum Faktum. Sie fragte sich: ‹Was ist das Positive daran? Wie reagiere ich gut darauf?› Sie hatte die Kraft, schwierige Situationen zu bewältigen. Bei ihr ging die Welt nie unter. Da konnte kommen, was wollte. Das hat mich tief beeindruckt und hier denke ich häufig an sie.»

Alice Kriemler arbeitet an sich und denkt über das Dasein nach: «Mein wahres Sein hängt nicht von der Rolle ab, die ich spiele, sondern von der Art, wie ich sie spiele. (Fichte)» «Erfahrung: Das sind vernarbte Wunden unserer Fehler.» «Bete, als läge alles bei Gott. Arbeite, als käme es auf dich allein an.» «Was wir glauben, ist unsere Sache, aber was wir tun, ist Sache der Welt.» Auch diese Zitate finden sich hinten im Tagebuch. Die Unternehmerin weiss genau, was sie braucht – und kann es doch nur schwer umsetzen: «Langsamkeit ist Schönheit. Langsam lesen. Langsam denken. Langsam & tief empfinden. Welche Bereicherung.»

Im Dezember 1961 führt die Kleiderabteilung eine neue Akkordweise ein. Die Nähmaschinen, die bisher durch einen zentralen Motor angetrieben worden sind, werden auf Einzelantrieb umgerüstet. Doch über die Weihnachtsfeier im zweiten Stock ist die Firmengründerin in diesem Jahr nicht besonders glücklich: «Zu kurz, zu wenig gesungen, nichts Persönliches an

Alice Kriemler-Schoch (mit Stola) feiert mit ihren Mitarbeiterinnen.

sich. Herr Wiedenhorn hat die Feier arrangiert. [...] Es war schön zu sehen, so viele Arbeiterinnen einmal bei einer Mussestunde.»

Nach der Weihnachtsfeier mit ihrer Familie unternimmt Alice Kriemler auf den Kanarischen Inseln die erste grosse Schifffahrt ihres Lebens: «Am Nachmittag & über die ganze Nacht wurde ich auch seekrank & das Schiff wankte ganz entsetzlich [...] nie in meinem Leben wieder auf den Ozean mit dem Schiff.» Zurück in St. Gallen sorgt sie sich um ihren an Masern erkrankten Enkel Albert. Anrufe bei einem Ausserrhoder Fernheiler bringen Entlastung.

Anfang September 1962 werden fast gleichzeitig zwei Enkelkinder geboren: Andrea Monika, «ein schwarzes Bummerli von 3.700 kg», dritte Tochter von Rosmarie und Ernst Kriemler und Peter Ulrich, «ein gesunder, dunkler Knabe», der jüngste Sohn von Ute und Max Kriemler. «Welche Freude wir haben dürfen.»

9. September 1962: «Sunday, sehr schön. Rosemarie geht es gut, Zimmer 48, Ute geht es gut, Zimmer 46.»

21. September 1962: «Friday, schön. Wie schön ist doch das geregelte Leben mit der schönen Arbeit. Ute & Peter geht es gut, Rosemarie & Andrea ebenfalls. Welches Himmelsgeschenk!»
22. September 1962: «Saturday, schön. Freier Samstag. Mit den Kindern Zwetschgen & Holder abgenommen.»
1. Oktober 1962: «Monday, sehr schön. Trägerschürzen fast fertig gemustert. 1. Stock muss für den 2. Stock Kleider nähen. Wir sind nicht so sehr begeistert darüber, da wir viel für uns zu nähen hätten. Es geht ja alles vorüber.»
8. Oktober 1962: «Wednesday, schön. Schürzenmusterung ist fertig. Träger- und Berufsschürzen. Max war 3 Tage in Buchs und kam heim, um die Muster anzuschreiben. Trägerschürzen schrieb ich selbst an.»
21. Dezember 1962: «Wir arbeiteten nur bis Mittag und wir mochten fast nicht fertig mit der Arbeit. Wir haben dieses Jahr keine Weihnachtsfeier im Geschäft und keine Wurst.[1] Ute ist sehr mager, denn sie arbeitet viel zu viel.»
«Sie machte sich Sorgen um meine Gesundheit und rief mich intern an, um mir einen Zvieri anzubieten», erzählt Ute Kriemler. Und der bestand aus einem Stück altem Brot mit Butter und Honig und ein paar Haselnüssen. «Sie wollte, dass ich einen Unterbruch habe. Rührend.»
Albert Kriemler blickt zurück: «Meine Grossmutter hatte ein extrem schönes Verhältnis zu meiner Mutter. Sie war gerne bei uns, drängte sich aber nie auf und zog sich zurück, wenn sie dachte: ‹Jetzt braucht es mich nicht.› Trotz ihrer Zurückhaltung markierte sie überall Präsenz und schaute mit einer grossen Disziplin zu sich selbst.» «Wir hatte nie das Gefühl, sie sei unzufrieden», fügt Peter Kriemler an. «Selbst wenn sie etwas ‹gebissen› hat, beschrieb sie es im Tagebuch dosiert.» «Differenzen mit x» oder «Differenzen mit y» ist alles, was sie ihrem Tagebuch bei Streit und Meinungsverschiedenheiten anvertraut.
Wie überall hat die «Seegförni» auch in Alice Kriemlers Tagebuch ihre Spuren hinterlassen:
2. März 1963: «Saturday sehr schön. In Rorschach tummelten wir uns 1 Std. auf dem gefrorenen Bodensee. Der ganze See ist gefroren & 1000e Leute spazierten darauf.»

1 In früheren Jahren verteilte Alice Kriemler an Weihnachten eine Lyoner Wurst an ihre Mitarbeitenden.

9. April 1963: «Bin glücklich, dass Ute nun bei den Schürzen mithilft. Es war eine schwere Musterung und ich möchte dies alles nicht mehr allein durchkämpfen.»
1. Juni 1963: «Wir haben einige Zuschneiderinnen verloren. Es ist schwer, sie zu ersetzen.»

Die «Moralische Aufrüstung»

Mitte Oktober fährt Alice Kriemler nach Kriessern. Drei Näherinnen wollen das «Büdeli» verlassen, weil sie anderswo mehr verdienen. Sie lässt sie nur ungern ziehen.
25. Oktober 1963: «Friday, starker Nebel. Ich wurde von der Moralischen Aufrüstung im Hecht zum Mittagessen eingeladen. Dr. Campbell aus Kanada hielt einen Vortrag. Es war sehr interessant.» [Englisch] Die «Moralische Aufrüstung» versteht sich als christliche Alternative zum militärischen Wettrüsten der Nationen. Das Ziel ist die Stärkung der nationalen Moral, die Schaffung eines verbesserten Geistes in der Industrie und die Begründung einer umfassenden Opposition gegen den Kommunismus.
Ein guter Arbeitsgeist bleibt auch in der Näherei gefragt:
13. November 1963: «Wednesday, Regen und Sonnenschein. Wir haben bei den Schürzen wieder das alte Akkordsystem eingeführt, da das Minuten-System immer noch nicht bereit ist wie oben. Die Arbeiterinnen arbeiten ohne Akkordsystem viel weniger.»
24. Dezember 1963: «Wir feierten Weihnachten oben. Die Kinder sind reich beschenkt worden, eher zu reich nach meinem Sinn.» Ein Schwarzweissbild zeigt die Weihnachtsfeier, klein Peter kriecht in Strumpfhosen über den Spannteppich, während sich seine Grossmutter im Hintergrund an den Geschenken zu schaffen macht. Kurz nach Neujahr ist die Siebenundsechzigjährige wieder an der Arbeit:
3. Januar 1964: «Friday, oben schön. In den Trägerschürzen sind wir ganz nach. Man muss sofort auf die Reise.»
1. Februar 1964: «Saturday, schön, Schnee. Es gibt Tauwetter. Albert + Peter sind erkältet in Arosa. [...] Trägerschürzen werden nun im Minutensystem abgerechnet.»
3. Februar 1964: «Monday, schön. Atemzirkel Sitzung in meiner Wohnung, 9 Personen.»

11. Februar 1964: «Tuesday, Schneefall. Gesundheitlich geht es mir im Allgemeinen viel besser. Ich kann wieder arbeiten. Es ist schön, wenn die Kinder hier sind.»
25. Februar 1964: «Tuesday, schön. [...] Seit ich mich jeden Morgen kalt abwasche (ganz) & dann nass ins Bett zurück gehe, geht es mir gesundheitlich viel besser.»
8. Mai 1964: «Friday, Regen kalt. Hanny, Albert + Susi durften nach Zürich. Max hat es angeordnet, damit Frau Ober die Kinder einmal sehen konnte im Einkaufsraum. Sie waren beide brav. Um 2 Uhr waren sie schon wieder da. Beide haben neue Mänteli erhalten.»

Der kräftige Bursche

Die Schürzennäherinnen werden rar, was Alice Kriemler schmerzt, dafür schenkt ihr Schwiegertochter Rosmarie Kriemler mit Thomas Ernst ihr siebtes Enkelkind: «Ist alles gut. Ein schwarzes, rundes Kindlein. Welche Freude überall.»
Die Grossmutter pflückt fleissig Haselnüsse für die Enkelkinder, holt drei Harasse Gravensteiner in Kesswil, «p. kg. 70 Rp.», und fährt mit Susi und Albert nach Bendlehn, um von dort zum ersten Mal auf die Hohe Buche[1] zu spazieren. Selbst einem Einbrecher bietet sie furchtlos Paroli:
30. September 1964: «In der Nacht kam ein fremder, junger Mann in mein Schlafzimmer geschlichen 1/4 3 Uhr. Das Fenster war auf der Westseite ein wenig offen. Im Dunkeln sah ich den Mann vor meinem Bette halb kniend. Ich hatte den Mut, das Licht anzuzünden und laut zu rufen: Gehen Sie hinaus, ich werde sofort die Polizei rufen. Dann verschwand er wieder zum Fenster hinaus. Kräftiger Bursche mit dunklem Pullover und hellen Hosen. Blondes Haar. Es ging trotz dem gehabten Schrecken noch gut. Bin glücklich.»
Sie meldet den Einbruch beim Fahndungsbüro und künftig schläft Hund Arno zur Sicherheit in ihrer Wohnung.
22. Dezember 1964: «Tuesday bedeckt. Zweitletzter Tag vor Weihnachten. Fast alle Italiener sind weg. Es ist nicht mehr das gleiche Schürzen-Geschäft wie früher, schade.»
Der Mangel an Schweizer Näherinnen wird in einer ersten Phase mit Italienerinnen wettgemacht. Weitere Migrantinnen folgen. Max Kriemler: «Wir

1 Max Kriemler hat die Liegenschaft im Appenzellerland 1961 gekauft. Sie wurde in der Folge als Wochenendhaus genutzt.

nahmen alle vom Fach, Italienerinnen, Türkinnen, Spanierinnen, Deutsche. Aber dazu brauchten wir Bewilligungen und um die mussten wir kämpfen, sonst durften wir keine Ausländerinnen einstellen.» Auch in Kriessern fehlt es zunehmend an Arbeitskräften. Bald sind dort nur noch fünf Näherinnen beschäftigt.

1. Januar 1965: «Freitag Föhn. [...] Mittags die Kinder bei mir gegessen. Ich habe die Kinder gepflegt am Mittag und Abend. Das gibt Arbeit.»

6. März 1965: «Saturday. Es schneit wieder. Ich war eingeladen aufs Untersuchungsamt wegen dem nächtlichen Eindringling im Oktober 1964. Ich konnte ihn nicht mehr so recht erkennen. Mit 80 % vermute ich denselben.»

20. März 1965: «Saturday bedeckt. Mittags mit Fr. Trachsel nach Zürich gefahren zur Delegiertenversammlung B. G. F. Abends Gala Dinner im Kongresshaus (ca. 300 Frauen). Das war ein sehr schöner Anlass. Zürich BGF feierte 20 Jahre Jubiläum. Ich schlief im Verkaufsraum.»

16. Juli 1965: «Friday, Regen. Ferien. Letzter Tag Arbeit. Es ist ziemlich gut gegangen mit der Vorputzete. 5 Uhr aufgehört. Jedoch sollte nie mehr eine ganze Std. für Putzen eingeräumt sein. 40 Min. wäre recht genug.»

19. August 1965: «Thursday, schön. [...] Ich muss sehen, dass wir viel zu viel Ware haben, aber immer wird wieder dazu gekauft und das Alte bleibt liegen. Kann dies fast nicht sehen.»

Alice Kriemler will künftig ohne Haushälterin leben. Sie stellt eine Zugehfrau ein und isst mittags versuchsweise bei Oscar Weber, doch der Rummel behagt ihr nicht.

Schwiegertochter Ute Kriemler ist inzwischen im Aussendienst tätig.

5. Oktober 1965: «Tuesday, Sonnenschein. Ute ging zu Tuch AG zum Vorverkauf von Schürzen. Sie ist tapfer.»

Der Januar 1966 ist eisig kalt. «Zu kalt zum Skifahren für alte Damen», notiert die bald Siebzigjährige. Da sie nicht mehr gut schläft, beschliesst sie, ihr Pult im ersten Stock aufzugeben, sich einen ruhigeren Arbeitsplatz zu suchen und nur noch vormittags zu arbeiten, sobald sie aus Florida zurück ist.

Mitte Februar fliegt sie zum zweiten Mal nach Orlando zu ihrer Schwester Ida, die am 8. Juni stirbt. Als Alice Kriemler nach vier Monaten zurückkehrt, stellt sie einmal mehr auf Englisch fest: «Es ist nirgendwo auf der Welt so schön wie zu Hause.» Anderntags dreht sie ihre Runden im Betrieb: «Sie haben sich so gefreut, mich zu sehen.» [Englisch] Etwas erstaunt ist sie über die Bauvisiere, sie sieht aber ein, dass die Firma mehr Platz braucht.

120 Bratwürste

Alice Kriemler pflanzt mit den Kindern Blumen in den Vorgarten: «Jedes Kind elf Pflanzen. Sie waren sehr beschäftigt.» [Englisch] Sie stellt Stoffe für den Restenverkauf zusammen und einige Tage später fährt sie nach Kriessern, um Rosemarie Langenegger zum Zehn-Jahre-Arbeitsjubiläum zu gratulieren. Kurz nach Alberts Mandeloperation feiert sie auf der Hohen Buche ihren siebzigsten Geburtstag.

5. September 1966: «Monday, bewölkt. Wir gaben eine Geburtstagsparty auf Buchen. Wir hatten 22 Personen zum Mittagessen eingeladen. [...] Kalbsrollbraten, Kartoffelstock, Sauce, Tomaten, grüner Salat. Hanny kochte das meiste. [...] Max hatte eine Modeschau organisiert, sehr schön. Um 7 Uhr kamen wir alle nach Hause. Eine tolle Party mit 57 Personen und 120 Bratwürsten.» [Englisch]

Zenti Schneider, Spezialmaschinennäherin für Knopflöcher und Overlocknähte, die alle Firmenanlässe organisiert, hat ihr zum Geburtstag ein langes Gedicht mit Fotocollagen gewidmet: Zu sehen sind die jugendliche Alice Kriemler im bodenlangen Kleid mit neckischer, weisser Spitzenträgerschürze, das junge Ehepaar Kriemler-Schoch, die Enkel hütende Grossmutter, die Fabrikantin an der gezeichneten Tretnähmaschine: «Frau Kriemler arbeitet und näht, was sie nur kann, und denkt: Wie fang ich's nur mit meinem Liebling an? Doch eine Mutter sich immer selber helfen muss. Sie tritt die Maschine mit dem einen und stösst das Wägelein mit dem andern Fuss.»

Die Anekdote mit der nähenden und gleichzeitig ihr Kind wiegenden Unternehmerin ist auch im Kriessner «Büdeli» herumgeboten worden. Die Rheintaler Näherei wird 1966 geschlossen, ohne weitere Spuren im Tagebuch zu hinterlassen. Und weiter geht's mit dem Gedicht: «Nun schaue man heute diesen Betrieb sich an. Das meiste hat Frau Kriemler mit ihren Händen Werk getan. Hätte sie sich nicht so in die Arbeit geworfen, wäre sicher der ganze Betrieb auseinandergeborsten.»

Alice Kriemler hat in der Tat ein florierendes Unternehmen aufgebaut, dem Max und Ute Kriemler mit der Konzentration auf hochwertige Bekleidung, mit Firmenübernahmen und der Zusammenarbeit mit renommierten Häusern wie Saint Clair, Ted Lapidus und Givenchy die entscheidende Wende

Akris heute, Hauptsitz in St. Gallen.

gegeben haben. «Sie hat den Grundstein gelegt», unterstreicht Albert Kriemler. «Ohne sie wären wir nicht da. Das ist so. Sie hat das Haus gekauft, wo heute das Herzstück unserer Firma untergebracht ist. Dabei brauchte sie 1939 nur eine Etage.» «Ein Riesenlupf.» «Ja, ein Riesenlupf in einer schwierigen Zeit», ergänzt Peter Kriemler. «Hier wird ihre Positivität sichtbar.»
Die Gründerin von Akris denkt grosszügig und haushaltet sparsam. Sie trägt ihre Kleider über Jahre, ändert sie ab und kauft günstig ein. So etwa am 1. November 1966 in Zürich: «Ich kaufte ein Paar Schuhe im St. Annahof, Fr. 51.–, abz. 8%.» [Englisch] Oder am 18. Juni 1971: «Meinen alten, blauen Stickereirock hergerichtet fürs Kinderfest 10 Jahre alt. Ich habe einen neuen, beigen Unterrock gemacht.»
Die Siebzigjährige lebt gesund. Auf ihrem Keimapparat lässt sie Weizenkörner und Sojabohnen spriessen, ihr schmerzendes Knie umwickelt sie mit Kohlblättern und reibt es anschliessend mit Salbe vom Kloster Wonnenstein ein. «Sie pflegte das Natürliche, angefangen vom Essen über die Körperpflege bis hin zur Bewegung. Auch diese Überzeugung lebte sie uns glaubwürdig vor», sagt Peter Kriemler.

Vermutlich befolgt sie auch jene Ratschläge, die sie hinten ins Tagebuch steckt: «Dürre Birnen roh genagt, dies ist so gut und gibt bestimmt ganz gutes Blut.» Oder: «Jeden Morgen Collath Flocken, die sind feine und geben ganz starke Beine.» Sie presst den Saft aus biologisch gezogenen Rüebli und pflückt Holunderbeeren, um Holderzinne für ihre Enkelkinder zu kochen. Sie nimmt sie mit auf ihre Spaziergänge, fährt mit ihnen noch als Fünfundsiebzigjährige Ski, schreibt auf, wenn sie krank sind und warum – weil sie nicht widerstandsfähig sind, zu kalte Johannisbeeren gegessen haben oder beim Mittagessen zu viel trinken, was die Magensäfte verdünnt.
Susi Kriemler erinnert sich: «Sie wollte ganz gute Kinder aus uns machen und deckte uns mit Ratschlägen zu, aber sie meinte es gut. Wir gingen bei ihr ein und aus, sie hat auch mit uns gegessen. Das war unsere Oma, eine ausgesprochen geradlinige, bestimmte Person, die sehr viel geleistet hat und nie etwas Böses sagte. Das Äusserste, was wir von ihr zu hören bekamen, war: ‹Ich möchte damit nichts zu tun haben.›»
12. November 1966: «Saturday, mehrheitlich kühl. Es ist schön, wenn die Kinder wieder hier sind. [...] Wir haben 4 Kaninchen im Keller. Albert und Susi müssen sich um sie kümmern und sie füttern.
21. November 1966: «Monday, cool. [...] I went to Mrs. Grob-Nüssli to get Heu for our Kaninchen.» (Montag, kühl. Ich ging zu Frau Grob-Nüssli, um Heu für unsere Kaninchen zu besorgen.)
8. September 1969: «Monday, Nebel, wärmer. Max ist nach Paris. Peter ist nicht recht zweg. Ich kaufte für ihn Biomalt und für Ute Biostrath.»

Minimode, Handhohlsäume

Ende 1966 konsultiert Alice Kriemler ihren Arzt. Der Herzmuskel ist angegriffen. Sie weiss genau, was zu tun ist: langsamer und weniger arbeiten. Diesen Entschluss fasst sie immer wieder, um sich dann doch stets neu in die Arbeit zu stürzen. Daran wird sich bis zu ihrem vierundsiebzigsten Altersjahr nicht viel ändern. Nach einer schweren Herzkrise tritt sie definitiv kürzer, auch wenn sie als Seniorchefin in ihrer geliebten Firma bis zum Schluss ihre Runden dreht: 28. April 1972: «Gehe oft ins Geschäft zum Umsehen, was ich liebe.»
Alice Kriemler besucht die Examen ihrer Enkelkinder und kommentiert ihre Zeugnisse. Sie verfolgt die Wasserung von Apollo 16 nach der fünften bemannten Mondlandung am Fernsehen und vermerkt die Rückkehr der Kommandokapsel mit rotem Kugelschreiber.

Mit der Minimode halten bei Akris die reduzierten, klaren Kleiderschnitte Einzug.
8. Mai 1969: «Thursday, bedeckt. Max hat dieses Jahr eine super Kollektion, sehr modern.» [Englisch]
Gleichzeitig sind bei den Schürzen wieder nostalgische Handhohlsäume und Kurbelstickereien gefragt. Alice Kriemler zeichnet die Modelle und fährt nach Oberriet zu Kurbelsticker Lüchinger, um eine neue Kurbel zu besorgen. Eine Kurbelstickerin wird gesucht.
4. Mai 1969: «Sunday, Regen. 1/4 11 Uhr ging ich an die Kirchenversammlung in der Laurenzenkirche. Erstmals haben die Frauen das Stimmrecht für d. Kirche. Sehr interessant.»
Alice Kriemler notiert den Rücktritt von Bundesrat Schaffner, die Wahl der Präsidenten Georges Pompidou und Richard Nixon. Das Zürcher Frauenstimmrecht findet im Tagebuch ebenso Erwähnung wie die Ablehnung der Olympiade. «Frauen das erste Mal gestimmt», schreibt sie zum Zürcher Entscheid. Sie nimmt das kantonale Frauenstimmrecht zur Kenntnis. Der lange Kampf ums eidgenössische Stimmrecht scheint sie nicht zu kümmern, die Luftverschmutzung dagegen schon: «Einer neuen Eiszeit entgegen?», lautet 1970 der Titel eines archivierten Zeitungsartikels über die alarmierenden Folgen der Luftverschmutzung auf das Wetter. Im gleichen Tagebuch warnt Jacques Piccard: «Autos sind die gefährlichsten Meeresverschmutzer.» Und ein spanischer Erfinder prophezeit: «Die Autos der Achtzigerjahre werden mit Wasser angetrieben.»
So schnell geht es dann doch nicht vorwärts mit dem Wasserantrieb. Dafür kommt das Schürzentragen aus der Mode. Es gibt kaum mehr etwas zu schonen: Die neuen, bügelfreien Kleider und Blusen aus Nylon, Crimplene und Terylene sind im Nu gewaschen. Schürzen werden zunehmend mit Biederkeit und ungeliebter Hausarbeit in Verbindung gebracht. Wer braucht schon eine Schürze für das «bisschen Haushalt», der, wie es die Werbung vormacht, dank neuer Haushaltgeräte im Handumdrehen erledigt ist und in der Folge kaum mehr als Arbeit wahrgenommen wird? Selbst auf dem Land ziehen die Frauen die Schürzen aus, wenn sie das Haus verlassen. Doch eine gewisse Nachfrage besteht nach wie vor.
4. Juni 1970: «Thursday, schön. Wir müssen wieder Trägerschürzen machen. Eine Zeitlang sagte Max, dass wir keine mehr machen werden. Kundschaft hat sie immer verlangt. Bin ziemlich in der Fabrikation tätig, niemand schaut dazu.»

14. Mai 1970: «Thursday, sehr schön. Reformhaus Müller eröffnet. Wir haben die Schürzen gemacht. Seitenschluss. Sie hatten Freude daran.»
Bei der «Union», bei «Schläpfer» und bei «Forster Willi» sieht sich die Seniorchefin nach Spitzen für Schürzeneinsätze um. Und einmal mehr registriert sie mit Genugtuung, dass die Kleiderabteilung mangels Nachbestellungen von Sommerkleidern Schürzen näht, um die flaue Zeit auszufüllen. Das Stofflager wird in eine Garage verlegt und der vierte Stock für die Modellistinnen ausgebaut.

Zehn Ladungen Wasser im Gesicht

Zu ihrem Enkel Albert hat Alice Kriemler eine besonders enge Beziehung. Da es in der Familienwohnung nur zwei Kinderzimmer gibt, schläft er in der Wohnung seiner Grossmutter im Erdgeschoss, die heute als Showroom dient: «Abends wartete sie auf mich mit frischen Apfelschnitzen und getrockneten Brotstücken. An besonderen Tagen hatte es auch Weinbeeren auf dem Teller. Wir assen die Apfelschnitze miteinander, und dann musste ich die Zähne putzen. Am anderen Morgen weckte sie mich. Sie drehte den Kaltwasserhahn im Bad ganz auf und liess das Wasser eine Weile laufen, damit es auch wirklich kalt genug war. Und dann musste ich mir zehn Ladungen Wasser ins Gesicht werfen. Dabei schaute sie mir von der Seite zu und achtete darauf, dass ich die Augen offen hielt. Anschliessend bürstete sie mir die Haare mit der Begründung: ‹Wenn man in diesem Alter die Haare richtig bürstet, bekommt man nie eine Glatze.› Dann zog ich mich an und ging zum Frühstück hinauf. Grossmutter war Teil unserer Familie. Sie kam zum Zmittag und meistens auch zum Znacht. Da unsere Eltern berufstätig waren, verbrachten wir auch sonst viel Zeit mit ihr.» Und so geht Albert Kriemler auch mit seiner Oma in die Ferien.
30. März 1968: «Sonnig. Ich habe mir bei der Abfahrt vom Piz Nair das rechte Wadenbein gebrochen. Ich bin trotzdem hinuntergefahren. Es wäre besser gewesen, wenn ich mit dem Rettungsschlitten hinunter wäre.» [Englisch]
«Sie war unglaublich asketisch mit sich selbst», erzählt Albert Kriemler. «Als sie sich das Wadenbein brach, legte sie sich ins Hotelbett und machte zwei Tage lang Wickel. Bis das Bein so geschwollen war, dass sie zum Arzt musste.»
11. Mai 1968: «Gips ganz weg gottlob. Darf nicht auftreten mit dem Fuss, muss mit Stöcken gehen.»

30. März 1970: «Monday Ostermontag. Abreise mit Albert nach St. Moritz. Wir logieren im Hotel Eden. Mit Dusche 36.–, Albert ohne Dusche 22.–. Wir hatten es gut zusammen. Am 3. Tag gingen wir Skifahren miteinander nach Corviglia Marguns. Es hatte sehr viele Leute auf den Pisten.»

Albert Kriemler: «Ich liebte meine Oma. Bis ich in die Schule kam, war sie in meinem Leben sehr präsent. Sie ging jeden Tag zwei- bis dreimal laufen und fand, das tue uns auch gut. Manchmal war sie mit allen drei Kindern unterwegs und manchmal nur mit mir. Wenn wir Opas Grab auf dem Friedhof besuchten, interessierte mich vieles, nicht nur Grossvater und sein Grabstein. Sie liess mich machen, Hauptsache ich war an der frischen Luft. Und wenn sie zu ihren Freundinnen zum Tee ging, zog sie sich schick an, sie hatte wunderbare Kleider und hätte sich nie einfach nur angezogen. Zu diesen Teegesellschaften durfte ich sie oft begleiten.»

«Biederkeit hat es bei Alice Kriemler nie gegeben», fährt der Akris-Designer weiter. «Das sieht man auch an den Blusen, die jetzt zum Vorschein kommen. Das war alles sehr schick. Meine Grossmutter hatte eine hohe Sensibilität für Stoffe und Qualität, und sie war überzeugt: ‹Wir machen die schönsten Schürzen.› Die Kriemler-Schürzen waren die einzigen, die Körperabnäher hatten. Sie platzierte sie gekonnt. Die Schnitte waren nicht nur logisch erarbeitet, sie hatten auch Klasse. Wer solche Schürzen trug, wollte nicht mehr auf diese Qualität verzichten.»

Albert Kriemler verwendet noch heute Stickereien, die seine Grossmutter in den Vierziger- und Fünfzigerjahren für Schürzen, Blusen und Kleider eingekauft hatte. «Sie sind hier in der Schublade.» Für ein Blusenmodell griff er zu einer Originalstickerei aus den Fünfzigerjahren, die er bei Forster Rohner nachproduzieren liess. Die Bluse ging um die Welt. Auch Schauspielerin Marisa Berenson hat sie getragen.

Zurück zu den Siebzigerjahren:

3. Dezember 1970: «Thursday, windig, bedeckt. Gottlob geht es Albert und Susi (Mumps) viel besser. Peter ist ganz gesund. Ich vermute, dass das Sojamalt für Peter die Widerstandskraft gab, nur er geniesst dieses.»

5. Dezember 1970: «Saturday, Regen. [...] Albert hat wieder Fieber und der Arzt kommt nachmittags und macht eine Spritze. Er ist nun ganz ruhig im Bett, was besser ist als jassen mit Marlies am Morgen. Es war einfach zu viel. Ich bin nachmittags mit Peter 1 Std. marschiert, anfänglich tat er dies nicht gern. Der Arzt hat Albert Rivella verschrieben.»

Offen und transparent

«Unsere Kinder hingen alle sehr an ihrer Oma, vor allem Albert», sagt Ute Kriemler. «Sie war dankbar, wenn man in ihrer Wohnung vorbeischaute und fragte, wie es ihr geht. Dennoch hat sie sich in ihrer Freizeit auch häufig mit sich selbst und mit ihren Freundinnen beschäftigt. Alice Kriemler hat etwas von ihrer Umwelt verlangt, sie war eine sehr wertvolle Menschenführerin. Ihre Mitarbeiterinnen verehrten sie.» Und Peter Kriemler ergänzt: «Meine Grossmutter war eine Führungskraft mit hoher Glaubwürdigkeit und grosser Ausstrahlung. Sie ging aktiv auf die Menschen zu und suchte das Gespräch.» Als Mensch sei sie liebevoll und mütterlich gewesen, aber gleichzeitig offen und transparent in ihren Wünschen und Vorstellungen. «Hier vermittelte sie uns gute Grundwerte.»

Als Enkelin Susi nähen lernen soll, kümmert sich die Grossmutter persönlich darum. Als Erstes säumt die Schülerin eine Handtuchrolle, die in den Toilettenräumen an einer Stange befestigt wird. Dass sie den freien Nachmittag fürs Nähen opfern muss, macht ihr nichts aus, und wenn sie keine Lust zum Nähen hat, weiss sie sich zu helfen: Sie geht mit der Stirn nahe an die Maschine heran und lässt sich vom Fadenheber touchieren, um anschliessend über Kopfschmerzen zu klagen. «Dann durfte ich mich hinlegen und meine Oma machte mir einen Umschlag.» Nicht nur die Enkelin schummelt, auch die Grossmutter hat ihre Tricks: Sie lockt die Grosskinder mit Sirup und verabreicht ihnen stattdessen Lebertran.

14. November 1970: «Saturday, bedeckt. Auf den Friedhof mit Susi, um Laub abzulesen, bei Regen. Nachher ging's noch ans Nähen mit Susi, um das erste Schürzli fertig zu machen. Susi und ich sowie Max hatten Freude.»

Alice Kriemler trifft sich mit dem Witwenclub in Rotmonten und schreibt über die Feuersbrunst in der alten Ziegelei in Heerbrugg (21. August 1971): «Elsa war nahe.»

Am 10. Oktober 1971 fährt die Fünfundsiebzigjährige zum letzten Mal mit zur Einkaufswoche: «9 Uhr morgens nach Zürich gefahren. Einkaufswoche. Zwygarts und Frau Lanz angetroffen. Mittagessen miteinander bei Emilio. Max war grad noch gekommen. Werde nie mehr zum Essen gehen, viel zu viel zu essen und was das noch kostet. Beim Kleiderverkauf kann man etliches lernen, was gut ist und weniger gut. Mit dem 4 Uhr Zug bin ich in Zürich gerne abgefahren. Holder gerichtet zum Einfrieren.»

Und erneut wird bei Akris gebaut.

19. Oktober 1971: «Neubau geht in die Höhe mit Fertigbauplatten mit Holz und Eternit. Es wird schön und jetzt geht es rasch vorwärts bei schönstem Wetter.»
20. Oktober 1971: «Schon steht der Neubau in roh ohne Dach da. Bin von der Art des Baues erfreut. Die vielen Fenster gefallen uns. Der Kran hat nachts bis 7 Uhr gearbeitet. Alle Handwerker sind sehr fleissig.»

Hotpants geschnitten

«Hotpants geschnitten und genäht», heisst es im Dezember 1971. Und am Donnerstag, 14. Dezember, nachdem sie Max Kriemlers Hemden geflickt hat, wird Kurt Furgler in St. Gallen empfangen: «Um 17 Uhr ist der Bundesrat Dr. Furgler mit der Bahn von Rorschach her gekommen. Schöner Empfang und viel Volk stand Spalier. Vorne schritten die verschiedenen Verbindungen und dann die vier Spanier Kutschen mit dem netten Bundesrat mit Frau und Kindern. Behörden auf dem Klosterplatz, Ansprache vom Bundesrat. Unsere Kinder standen mit Liechtli vor der Schule Spalier, sie hatten kalt.»
23. Dezember 1971: «Thursday, bedeckt, hier kein Schnee. Christbaum gekauft und selbst hinaufgetragen und eingestellt. Susi hat Fieber, Grippe. Morgens Christbaumfeier im Geschäft, alle im 2. Stock. Max hat gut gesprochen. Schöne Feier. Max geht es gottlob ganz gut, trotz der grossen Aufgabe.»
Albert hilft seiner Grossmutter beim Christbaumschmücken. An Silvester besucht Alice Kriemler den Gottesdienst in der Kirche St. Laurenzen, anschliessend fährt sie mit ihrem Sohn Max auf die Notkersegg oberhalb von St. Gallen und spaziert von dort alleine nach Hause. Sie legt sich bis halb zwölf schlafen und hört sich dann das Aus- und Einläuten zum Jahreswechsel an: «Gott schenkt mir die Kraft für 1972, bin zuversichtlich.»
In ihrem letzten Lebensjahr näht und flickt Alice Kriemler vorwiegend für den Hausgebrauch oder zusammen mit ihren Enkelkindern. Albert Kriemler: «Sie suchte Stoffresten zusammen und komponierte sie zu Patchworkkissen, kleinen Vorhängen oder Seidenschleifen, die sie verschenkte.»
17. Mai 1972: «Genäht und Schleifeli gerichtet. Susi musste nähen und Peter jäten.»
18. Mai 1972: «Verschiedene Schleifen genäht. Susi und Albert nähten auch Schleifen.»

Ende Mai entdeckt sie im Efeu ein Vogelnest mit fünf grauen Eiern, schaut der Vogelmutter beim Brüten zu und freut sich über das Resultat: «Im Amselnest auf dem Balkon sind 5 junge, kleine Vögeli im Nest, so herzig.» (9. Juni 1971 mit rotem Kugelschreiber)
Am 10. Juni fährt sie mit Albert und Bekannten nach Diepoldsau, um ihrer Enkelin Maja beim Dressurreiten zuzuschauen: «Maja hat so schön geritten, ruhig und schön. Ernst und Rosmarie und ich freuten sich. 14. Rang.» Kurz darauf wird der neue Laden an der Bahnhofstrasse eingeweiht: «Die Kinder durften auch teilnehmen. Der Laden ist sehr gut ausstaffiert. Schnittmuster erhältlich.»
15. Juni 1972: «Thursday, Regen. Es nimmt mich wunder, wie der neue Laden an der Bahnhofstrasse gehen wird. Habe mit Susi genäht, sie soll das Einfassen lernen, es ist schwer.» Anfang Juli näht sie für die Haushälterin ein Seidenkleid: «Arbeiten ist so schön, wenn man gesund ist. Gebe viel Geld aus für gute Gesundheitsmittel, der Arzt würde mehr kosten. Habe meinen Fahrausweis abgegeben, mit Wehmut.»
8. Juli 1972: «Saturday, sehr schön. Ernst geht nach Wil zum Reiten. Wünsche ihm Glück [...]. Ernst ist um 5 Uhr gekommen, um zu packen und fährt noch heim, um den Sonntag mit der Familie zu verbringen. Das neue Rössli brachte ihm leider keine Plakette. Ernst könnte das Rössli für 40 000 Franken verkaufen, gibt es aber nicht.»
Nach einem Besuch auf der Hohen Buche rennt die bald Sechsundsiebzigjährige in fünfunddreissig Minuten hinunter nach Bendlehn, damit sie den Zug nicht verpasst. Das Putzen der Produktionsräume vor den Betriebsferien findet jetzt ohne sie statt.
22. Juli 1972 in rot: «Saturday, unsicher. Den ganzen Tag zu Hause. Wanderschuhe gekauft 45 Fr. dunkelbraun.» Damit wandert sie Ende Juli von der Hohen Buche nach Speicher: «Meine neuen Bergschuhe bewähren sich. Genoss den Abend in Wonne und Glück.»
7. August 1972: «Monday. Die Arbeit beginnt wieder nach 3 Wochen. Max ist wieder fleissig dran. Albert arbeitet bei Klang Steheli für 1 Woche. Ausgänge + leichte Arbeit.»
8. August 1972: «Tuesday, sehr schön. Albert hat bei mir Mittagessen gehabt. Waschmaschinenmonteur war hier. Wäsche aufgehängt, Einkaufen.»
10. August 1972: «Thursday, sehr schön, warm. Unser Garten ist schön. [...] Albert ist ein sehr fleissiger Ausläufer bei Klang Apotheke. Die ganze Nacht wach.»

Der eiserne Wille

Alice Kriemlers Schrift verändert sich. Am 10. August ist sie leicht fahrig, später wird sie spitz und unregelmässig.

11. August 1972: «Einladung für Klassentreffen abgesandt. Offener Brief 10 Rp.»

12. August 1971: «Albert hat grosse Freude am ersten Zahltag. 100 Fr. 1 Woche.»

13. August 1972: «Sunday, schön. Gewitter. Zur Kirche. Den ganzen Tag zu Hause. Ute und Max und Kinder sind von der Buchen heimgekommen. Abend gegessen. Es geht mir noch nicht so gut. Morgen geht die Schule an. Ist recht.»

14. August 1972: «Monday.»

Alice Kriemler bricht ihren vorletzten Eintrag ab. Für ihren letzten Eintrag benutzt sie den roten Kugelschreiber:

15. August 1972: «Dienstag Spital.»

«Sie hatte einen Hirnschlag, war halbseitig gelähmt und lernte nach dem Spitalaufenthalt wieder gehen», erzählt ihre Enkelin Susi Kriemler. Sie habe mit eisernem Willen trainiert und mit der linken Hand zu schreiben begonnen. Albert Kriemler erinnert sich an die Schreibübungen seiner Grossmutter: «Sobald sie wieder etwas in die Hand nehmen konnte, hatte sie nur ein Ziel: ihre Unterschrift zu üben. Und so schrieb sie akribisch Blatt für Blatt mit ihrer Unterschrift voll.» Trotz enormem Unabhängigkeits- und Lebenswillen geht es nur schleppend vorwärts. Der Arzt empfiehlt einen Erholungsaufenthalt. Sie brauche Ruhe. Man entscheidet sich für die Rehabilitationsklinik in Mammern. «Sie ging ungern», sagt Max Kriemler. In Mammern erleidet Alice Kriemler eine Hirnblutung, man findet sie im Badezimmer, doch sie kommt nicht mehr zu Bewusstsein. Die Gründerin von Akris stirbt am 25. September 1972 im Kantonsspital St. Gallen. Drei Wochen nach ihrem sechsundsiebzigsten Geburtstag.

Seit den Siebzigerjahren ist die Zahl der Schweizer Bekleidungsfirmen stark eingebrochen. Das Zuschneiden und Nähen findet heute vorwiegend im Ausland statt, Know-how, Qualität, Ideen und Design sind in der Schweiz geblieben. Von den 622 Konfektionsbetrieben, die der Textilverband Schweiz 1975 erfasste, waren zwanzig Jahre später noch 200 Unternehmen übrig. Inzwischen sind weitere Betriebe verschwunden. Nicht so Akris. Das St. Galler Modehaus ist weltweit präsent. Während Designer Albert Kriemler die Kollektionen prägt, kümmert sich sein Bruder Peter Kriemler um

Produktion und Management. Mit grossem Erfolg: Seit 2004 präsentiert Akris seine Kollektionen auf den Laufstegen der Prêt-à-porter-Schauen in Paris – als einziges Label aus dem deutschsprachigen Raum.

Agnes Hutter-Thurnherr (1934), Kriessern, bei Akris von 1949 bis 1950

«Man hätte sie verstrupfen lassen»

Es riecht nach Bohneneintopf im Treppenhaus. Agnes Hutter führt mich in die Stube, vorbei am honigbraun glänzenden Kachelofen. Hochzeitsbilder zieren das geschwungene Stubenbuffet. Die Kriessnerin heiratete 1957 und ist seit fünfundzwanzig Jahren Witwe.

Eigentlich hätte sie nach der Schule in der Viscose arbeiten müssen, die Eltern hatten sie schon im Februar zur Bewerbung in die Widnauer Kunstseidefabrik geschickt, aber dort waren bereits alle Arbeitsplätze besetzt und das Mädchen kam auf die Warteliste.

Agnes Hutter-Thurnherr.

Die aufmerksame Schülerin, siebte Klasse, 1947.

«1949 fiel das Examen aus, weil der Schulpräsident gestorben war. Ich hatte mich schon damit abgefunden, dass ich vorerst zu Hause arbeiten würde, und lief voller Tatendrang mit dem Handwagen ins Ried, um die zugeschütteten Meliorationsgräben mit den Wäslig zu bedecken, die die Arbeiter auf der Wiese deponiert hatten. In der Zwischenzeit hatte Klara Dietsche meine Eltern gefragt, ob ich nicht nähen wolle im ‹Büdeli›. ‹Wenn du willst, kannst du schon am Osterdienstag anfangen›, hiess es.
Ich fühlte mich überrumpelt: ‹Mein Gott, nein, ich habe doch keinen Rock zum Anziehen!›
‹Geh doch einfach am Osterdienstag hin, dann siehst du, wie es dort ist.›
Da fing ich halt am Osterdienstag an. Es war furchtbar für mich: Schon in der Schule hatte ich nichts Rechtes zum Anziehen gehabt und für eine Arbeitsstelle hätte ich doch bessere Kleider gebraucht. Aber meine Eltern rechneten mit jedem Rappen.
Ich kam also ins ‹Büdeli›, wo man diese Schürzen nähte. Man setzte uns einfach an die Maschine. Grosse Anleitungen brauchten wir nicht, höchstens fürs Paspelieren, aber nähen, das konnten wir. Wir hatten es schliesslich in der Nähschule bei Schwester Fortunata gelernt. Und das war eine

Agnes Hutter-Thurnherr nach der Schulentlassung.

Exakte gewesen. Erst mal nähten wir im Stundenlohn, so viel wir konnten, und nach der Einarbeitungsphase folgte der Akkord. Ich war ein dummes, schüchternes Mädchen. Rosa sass neben mir. Da sie frühmorgens das Vieh hüten musste, kam sie etwas später. Sie hatte eine blöde Maschine, bei der ständig die Fäden rissen. Das machte sie furchtbar nervös. Wenn gar nichts mehr ging, liessen wir den Veloflicker kommen, damit er die Maschine reparierte. Im ‹Büdeli› lief alles rund. Wir hatten eine schöne Kameradschaft. Aber von den Kriemlers sah ich das ganze Jahr hindurch niemand. Die anderen erzählten von Alice Kriemler. Es hiess, sie lebe sehr gesund.
Wir nähten Trägerschürzen mit überlappenden Brusteinsätzen und Berufsschürzen. Die waren einfacher zum Nähen, weil man keine Ränder paspelieren musste. Später nähte ich für die Familie. Für meine ersten beiden Mädchen machte ich alles selbst. Ich nähe heute noch gerne. Auch für meine Schwiegertöchter. Die Näharbeiten landen alle bei mir», lacht Agnes Hutter und blendet zurück.

Meliorationsarbeiten bei Kriessern. Die Hauptleitung wird parallel zum Binnenkanal verlegt, von rechts stossen die Seitenleitungen dazu. Die Grabarbeiten und das Verlegen der Röhren geschehen in Handarbeit.

Jetzt kommt die Kuh

«Ich wuchs am Dorfrand beim Kriessner Wäldli auf. Der Vater litt schon in jungen Jahren an Gelenkrheumatismus. Er arbeitete zuerst in der Viscose und später hier in Kriessern, wo immer es Arbeit gab. Zwischendurch war er lange krank, obwohl er schachtelweise Rheumapillen ass. Viele Jahre später konnte ihm eine Frau helfen. Ich glaube, sie betete ihn gesund, und er wurde tatsächlich 89 Jahre alt. Noch mit siebzig arbeitete er bei Hugo Dietsche. Er nagelte Leisten an die Bretter, die man unter die Entwässerungsrohre legte. Auf der anderen Strassenseite, wo jetzt die vielen Einfamilienhäuser stehen, lag früher die Auentratt, ein grosses Grundstück der Ortsgemeinde mit vier Ställen. Wer eine Kuh auf dem Ortsgemeindeland weiden lassen wollte, musste sie am Morgen hinbringen. Ich hatte vier Geschwister, und wir

hüteten das Vieh abwechslungsweise mit der Mutter, damit etwas Geld in die Haushaltskasse kam, wenn Vater nicht arbeiten konnte. Eine finanzielle Unterstützung während Vaters Krankheit gab es nicht.
Tagsüber trieben wir die Tiere bis zur Rheinstrasse und noch weiter hinauf, und abends brachten wir die Kühe immer zur selben Zeit zurück ins Dorf. Die Rinder blieben draussen. Wir bliesen ins Horn, und so wussten die Leute: ‹Jetzt kommt die Kuh.› Es waren um die zehn Tiere. Sobald sie das Horn hörten, öffneten sie den Stall. Es waren Kleinbauern oder Witwen mit einer oder zwei Kühen. Besonders die Witwen brauchten eine Kuh, damit sie genügend Milch hatten für die Kinder. Als Haupterwerb bauten die meisten Erbsen und Rüebli an. Mich erbarmen diese Frauen heute noch. Wenn der Mann starb, bekamen viele Witwen nichts[1] und mussten doch irgendwie ihre vielen Kinder durchbringen. Niemand half ihnen. Ich glaube, man hätte sie verstrupfen lassen.»

Der Deserteur

Wir stochern in der Fotoschachtel. Da ist die aufmerksame Schülerin hinter der Schulbank, die jugendliche Agnes mit ihren Freundinnen und eine Porträtaufnahme der Achtzehnjährigen, die gleich nach dem Coiffeurbesuch einen Vorarlberger Fotografen aufgesucht hat. Doch wer ist der gut aussehende, junge Mann in Anzug und Krawatte, der mit ihrer Mutter und den fünf Kindern vor dem Haus posiert?
«Das war ein Deserteur. An einem Sonntagmorgen während des Krieges klopfte es am Fenster und draussen stand ein nasser Mann. Vater war im Militär. Mutter gab ihm Kleider und trocknete seine nassen Sachen am Ofen. Am Abend begleitete sie den Mann zum Zollamt, und von dort kam er nach Aarau in ein Lager. Hier auf diesem Foto hat er uns besucht. Das war an Pfingsten 1949. Der Mann kam ursprünglich von Schwarzach, er hätte aus dem Fronturlaub wieder einrücken müssen. Vermutlich war er ein rechtes Stück rheinaufwärts ins Wasser gegangen. Es muss ihn stark abgetrieben haben. Er erzählte uns, dass er sicherheitshalber einen Hut aufgesetzt habe zum Schwimmen, damit man ihn notfalls mit einem Stück Schwemmholz verwechselt hätte. Der Deserteur bat meine Mutter, nach Schwarzach zu fahren und seiner Mutter zu berichten, dass er gerettet sei. Später wanderte er nach Neuseeland aus.

1 Witwenrenten wurden erst nach Einführung der AHV im Jahr 1948 ausbezahlt. Die Höhe der Renten wurde nach den Beitragssätzen der Männerlöhne berechnet.

Der Deserteur (rechts hinten) zu Besuch bei Familie Thurnherr, in der Mitte Agnes.

Mein älterer Bruder mistete morgens die Ortsgemeindeställe aus, bevor er zur Arbeit ging. Und ich wäre die Nächste gewesen. Meine Eltern rechneten fest damit, dass ich das Vieh hüten würde neben der Schichtarbeit in der Viscose.»

«Und die Sekundarschule?»

«Nein, nein. Die war kein Thema. Damals gingen die Mädchen noch nicht in die Sek. In unserer Klasse ging keine einzige und in der Klasse vor uns waren es nur zwei gewesen. Nicht mal der Bruder durfte in die Sek, obwohl er den Kopf dazu gehabt hätte.»

«Wollten Sie keine Lehre machen?»

«Schon hie und da. Ich sagte später oft zur Mutter, dass ich gerne Damenschneiderin geworden wäre. Aber ich empfand es nicht stark. Man rechnete nicht damit. Mein Bruder durfte auch keine Lehre machen und meine Schulkolleginnen auch nicht. Zwei gingen in die Viscose, eine war vom Restaurant Schäfli. Die musste dort servieren. In Kriessern fand man als Mädchen nur in einer der drei Nähereien Arbeit. Sonst nirgends. Und von

Agnes Thurnherr (links) mit ihren Freundinnen, Sommer 1948.

Die «Viscose»-Arbeiterinnen besuchen die Fortbildungsschule in Widnau, Agnes Thurnherr vorne Mitte.

den auswärtigen Stellen war die Viscose am ringsten, weil man mit dem Personalbus fahren konnte.
Man machte einfach das, was die Eltern sagten. Wir sind ganz anders aufgewachsen und sprachen nicht so mit den Eltern, wie das die Kinder heute tun. Wir redeten sie mit ‹Ihr› an und glaubten ihnen alles. Als ich aus der Schule kam, sagte ich mir: ‹Wenn ich gross bin, mache ich, was ich will.› Aber man hätte es auch dann nicht gewagt zu rebellieren. Es war einfach so. Ich kann das, was ich muss, und sagte stets zu meinem Mann: ‹Um die Ochsen herum bin ich noch immer gut genug.›

Kunstseide einfädeln

Ein Jahr nachdem ich im ‹Büdeli› mit dem Nähen angefangen hatte, berichtete die Viscose, ich könne jetzt kommen. Da sagte man: ‹Geh in die Fabrik, dann kannst du nach der Schicht zu Hause helfen.› Ich gehorchte und wir hatten es auch in Widnau recht. Wir arbeiteten am ‹Haspel› oder in der ‹Conspuli›. Dort hängten wir die ‹Kuchen› auf die Spulmaschine und fädelten die Kunstseide ein, die dann zu ‹Cons› aufgewickelt wurde. Riss ein Faden, mussten wir ihn mit einem Weberknoten wieder verbinden.
Zur Arbeit fuhren wir mit einem grossen Personalbus – wir Mädchen alle in Schürzen. Aussen herum sassen die Leute auf einer Bank. Wer in der Mitte stand, musste sich an den Stangen festhalten. Aber manchmal konnte man sich nur mit Mühe hineinzwängen, so vollgestopft war der Bus. Er kam von Montlingen her und fuhr via Kriessern über Diepoldsau nach Widnau. Für jede Schicht. Die Frühschicht dauerte von sechs bis vierzehn Uhr, die Spätschicht von vierzehn bis zweiundzwanzig Uhr. Die Nachtschicht war den Männern vorbehalten.
Während der Arbeitsschicht hatten wir eine halbe Stunde Pause. Ich ass in der Kantine, damit ich etwas Warmes im Magen hatte. Am Freitagabend wärmten sie die restlichen Tomatenspaghetti vom Zmittag auf und streuten Käse darüber. Das war wunderbar, und wir wurden alle schön satt davon.
Am Samstagnachmittag half uns Fina Kobler in der Kriessner Handarbeitsschule beim Nähen. Die Damenschneiderin wurde von der Viscose bezahlt. Sie schnitt uns die Stoffe zu, zeigte uns, wie man einfache Schnittmuster zeichnet, und gab uns Tipps fürs Kleidernähen. Wenn wir Fragen hatten, konnten wir uns an sie wenden.»
Zwölf junge Frauen stehen und sitzen mit baumelnden Beinen auf dem Schulbrunnen, die einen mit gemusterten, die anderen mit weissen Schür-

Nach dem Coiffeurbesuch.

Die Hochzeit: Agnes und Klemens Hutter-Thurnherr, 1957.

zen, das Kopftuch im Nacken geknotet. «Wer nach der Schule arbeiten ging und keine Lehre machte, musste die Fortbildungsschule besuchen», kommentiert Agnes Hutter das Foto. «Im Widnauer Rütischulhaus hatten wir Kochen, Hauswirtschaft und Deutsch.» Und damit die jungen Frauen dem Unterricht trotz Schichtarbeit folgen konnten, beschäftigte die Viscose zwei Lehrkräfte während der Arbeitszeit.

«Aus Kriessern arbeiteten viele Mädchen und Männer in der Kunstseidefabrik. Ich blieb bis zur Heirat, sieben Jahre insgesamt.

Wir hatten zwölf Kühe. Das brauchte man, wenn man von der Landwirtschaft leben wollte. Eigentlich hätten wir vergrössern sollen, aber dann nahm mein Mann eine Stelle bei Hugo Dietsche im Strassenbau an. Wir reduzierten den Viehbestand und bauerten weiter. Beim Baggersee hatten wir fast vier Hektaren Boden. Wenn meine fünf Kinder in der Schule waren, trieb ich die Kühe zum Baggersee hinauf und wieder nach Hause. Und wenn sonst niemand Zeit hatte, nahm ich auf dem Veloanhänger auch noch eine alte Milchtanse mit Trinkwasser fürs Vieh mit.

Mein Mann war gesundheitlich angeschlagen und müde, wenn er von der Arbeit heimkam. Schliesslich molk ich die zwei letzten Kühe selber und tränkte damit die Mastkälber. Dann musste er am Feierabend nicht auch noch arbeiten. Wenn sie fressen mochten, war alles in Ordnung, aber wenn eine nicht frass, wurde ich nervös. Ich sagte zum Mann: ‹Lass uns aufhören mit den Kühen, so lange du noch arbeitest.› Die Rinder störten mich nicht, die machten nicht so viel Arbeit, weil wir sie im Sommer nachts auf der Weide lassen konnten. Es dauerte eine Weile, bis er einverstanden war. Zuletzt hatten wir nur noch zwei Rinder. Und als er seine Stelle mit Mitte fünfzig aufgab, wollte er selbst keine Tiere mehr. Er starb mit sechzig.»

Die Lebensschule

«Vier meiner Kinder sind verheiratet, ein Sohn lebt bei mir. Er wurde mit zwanzig nierenkrank und bekam zwei Spendernieren, die er nicht vertrug. Seit sechzehn Jahren hat er eine Niere von mir, und die hat Gott sei Dank bis heute gehalten. Er hat nur eine kleine IV, aber da er bei mir wohnt, geht es. Arbeiten kann er fast nicht mehr. Und eine Wohnung mieten könnte er auch nicht mit der IV, aber so geht es.

Ob ich als Mädchen Träume hatte? Ich weiss es nicht. Auf jeden Fall wünschte ich mir eine Familie. Ich liess es darauf ankommen und sagte: ‹Herrgott, stell mich dort hin, wo du es für gut befindest.› Ich war schon manchmal

froh darum. Dann konnte ich sagen: ‹So jetzt, du hast mich hierhergestellt, und nun musst du schauen, dass es weitergeht.›» Agnes Hutter lächelt.
«Ich lebe damit, schliesslich hatte ich viel zu bewältigen. Mein alkoholkranker Schwager wohnte fünfundzwanzig Jahre bei uns, bis er tödlich verunglückte. Dann pflegte ich die Mutter fünf Jahre lang, bis sie mit zweiundneunzig Jahren starb. Und zum Mann schaute ich auch, wenn er krank war. Er hatte es mit dem Blut und mit der Lunge, aber am Schluss starb er an einem Herzinfarkt.
Das war eine Art Lebensschule. Wenn etwas passiert, gibt man nicht gleich auf. Ich mag es den Leuten gönnen, wenn sie's schön haben, aber wenn es dann anders kommt, ist es minder.
Wir hatten keinen grossen Zahltag in der Landwirtschaft und von der Hilfsarbeit im Strassenbau blieb auch nicht viel übrig. Man war froh, wenn man die Rechnungen bezahlen und daneben ein paar Franken sparen konnte. Ich bin gern zu Hause und muss nicht in die Ferien fahren. Ich sage mir immer: Die Zufriedenheit kann mir niemand nehmen. Mehr brauche ich nicht.»

**Anita Hutter-Baumgartner (1935), Kriessern,
bei Akris von 1949 bis 1959**

«Die Trägerschürzen liefen mir am besten»

Anita Hutter wohnt in einem hellblauen Mehrfamilienhaus aus den Achtzigerjahren, kleine Parkverbotsschilder sorgen dafür, dass die Parkplätze frei bleiben. Ich parkiere auf der Strasse und gehe meine Adressliste durch, damit ich weiss, wo ich klingeln muss. Eine Passantin hat mich bereits entdeckt und fragt nach, was ich suche. «Ich habe es schon gefunden», sage ich dankend. Sie geht weiter in Richtung Dorfzentrum mit ihrer Einkaufsta-

Anita Hutter-Baumgartner.

sche. Dass sie die jüngste der neun Näherinnen ist, die Schwester von Anita Hutter und Melitha Dietsche, erfahre ich erst später.
Meine Interviewpartnerin öffnet die Haustür und bittet mich hinein. Über dicke, pastellfarbene Wollteppiche geht es am offenen Wohnzimmer vorbei hinüber zur Essecke am Westfenster. Wir setzen uns. Es ist halb zehn, der Zmittag köchelt auf dem Herd.
«Im Lokal standen zehn Nähmaschinen», erzählt die Frau mit dem krausen, schwarzen Haarschopf. «Jede hatte ihre eigene: Singer, Phoenix, Pfaff. Später bekamen wir neue Nähmaschinen, lauter Pfaff, das war wunderbar! Im Sommer war das Lokal heiss, die Sonne brannte durch die Fenster, und im Winter war es trotz Holzofen kalt. Wir spürten die Kälte im Rücken, sie kam von der Fensterfront.»
Anita Hutter-Baumgartner nähte nicht gerne. Sie hätte viel lieber einen Beruf erlernt. Am liebsten wäre sie Lehrerin geworden. «Von meinen schulischen Leistungen her hätte ich das sicher gekonnt, aber wir hatten kein Geld zu Hause, und so durfte ich nicht in die Sekundarschule und schon gar nicht ins Lehrerseminar.» Die sechs Geschwister mussten alle Geld verdienen.

«Schaffen schadet nie»

Der Vater, der im Sommerhalbjahr als Senn gearbeitet hatte, starb 1937 an einer Lungenentzündung. Anita war damals zwei Jahre alt. Sie war das vierte Kind, das älteste war achtjährig und das jüngste sieben Wochen alt.
«Wir hatten vier Kühe und viel Boden gepachtet im Ried. Dort bauten wir Rüebli und Buwärli an, dazu sehr viel Kartoffeln und Bohnen. Alle Kinder halfen mit. Das meiste Gemüse lieferten wir den Konservenfabriken Hero und Bischofszell ab. Das gab etwas Geld.»
Nach der Näharbeit ging sie ins Ried oder am Samstag, wenn sie frei hatte. Erst mit dem Handwägeli oder mit dem Velo. In späteren Jahren brachte die Familie die Ernte mit dem Pferd ein. Eines der Mädchen durfte manchmal am Samstag das Haus putzen. Ein Privileg: «Wir waren alle neidisch auf sie, weil sie nicht ins Ried musste.» Abends sassen sie in der Scheune, entkernten Maiskolben, schnitten das Rüeblikraut ab und packten die Rüebli in Säcke: «Das war harte Arbeit, aber sie hat uns nicht geschadet. Schaffen schadet nie.»
Im «Büdeli» nähten die jungen Frauen inzwischen alles Mögliche: Trägerschürzen, Schlupfschürzen, Jupes, lange und kurze Kinderhosen, sogar Kleider hie und da: «Jeden Tag kam ein Paket mit der Post. Dort war unsere

Die Näherinnen 1958: Irene Hutter, Anita Baumgartner, Martha Hutter, Marie Hutter, Klementina Langenegger (hinten v. links), Rosmarie Langenegger, Claudia Zigerlig, Marlies Hutter, Rita Langenegger (vorne v. links).

Wendel Langenegger mit seiner Schulklasse 1946. Agnes Thurnherr (zweite v. links, dritte Reihe); Anita Baumgartner (achte v. links, zweite Reihe); Marie Hutter (erste v. rechts, zweite Reihe).

Arbeit drin: alle Stoffe fertig zugeschnitten, manchmal zehn Schürzenstoffe ineinander und manchmal nur einer. Es kam auch vor, dass wir auf die Vorarbeiterin warten mussten. Sie holte das Paket, trug es unter dem Arm zum ‹Büdeli› und verteilte die Arbeiten nach den Fähigkeiten der Näherinnen. Die eine nähte Kinderschürzen, die andere Hösli, die nächste Berufsschürzen. Bei neuen Modellen war ein Muster dabei.
Ich weiss nicht mehr, wie viel wir verdienten. Eine Trägerschürze gab einen Franken, das weiss ich noch, weil ich häufig Trägerschürzen nähte. Wenn ich einen Ballen hatte mit zehn gleichen Schürzen, schaffte ich zwanzig Schürzen im Tag, aber dann musste man vorwärtsmachen und durfte nicht aufschauen bei der Arbeit. Die Trägerschürzen liefen mir am besten. Am liebsten nähte ich die weissen. Die musste man besonders exakt nähen, weil man die Nähte auf dem weissen Stoff so gut sah.» Nähte sie langsam? «Nein, mit Schuss, sonst hätte ich die zwanzig Stück niemals geschafft. Im Durchschnitt sind es ohnehin nur fünfzehn Stück gewesen.»

In der Villa

Zwischendurch arbeitete Anita Hutter-Baumgartner bei Kriemler-Schoch in St. Gallen, wo sie im grossen Nähsaal ins Schürzennähen eingeführt wurde. Eine Woche lang logierte sie in der Villa an der Felsenstrasse in einem Raum mit Lavabo und Säulen: «Ich sehe das Zimmer heute noch vor mir, es war riesig im Vergleich zu den Kammern bei uns zu Hause. Alice Kriemler war eine liebe, fürsorgliche Frau, ich hatte sie sehr gerne. Ein- bis zweimal pro Jahr kam sie nach Kriessern, um zu sehen, wie es hier draussen läuft. Und manchmal holten sie uns für die Weihnachtsfeier nach St. Gallen. Für uns Landpomeranzen war das ein Erlebnis. Wir hatten ja keinen Kontakt zu anderen Dörfern und zur Stadt schon gar nicht. Man war für sich in Kriessern. Das war unser Reich. Mutter ging ab und zu nach Altstätten auf den Markt, auch Kleider kauften wir dort ein, aber nur ganz spärlich.»

Marie Lüchinger-Hutter (1933), Kriessern, bei Akris von 1953 bis 1959
Irene Benz-Hutter (1936), Montlingen, bei Akris von 1957 bis 1966

«Kriessern gesperrt»

Die Treppe zum Hauseingang ist steil, auf dem Parkplatz steht ein Opel Kadett. Marie Lüchinger hat Besuch. Sie erwartet mich in der umgebauten Wohnküche. Linzerschnitten, Mohrenköpfe, Erdbeertörtlein und Schaumrollen stehen auf dem Esstisch bereit. Auch Irene Benz ist da. Marie Lüchinger hat sicherheitshalber ihre Freundin eingeladen, schliesslich hatten sie zusammen im «Büdeli» gearbeitet.

Marie Lüchinger-Hutter am Küchentisch.

«Nachdem Sie angerufen hatten, fand ich, ich hätte nein sagen sollen. Auch der Mann meinte: ‹Hättest du doch nein gesagt!›» Da dachte sich Marie Lüchinger: ‹Ich kann immer noch nein sagen und rufe am besten die Irene an.› Diese wusste noch nichts vom Buchprojekt und war gleich zur Stelle.

Marie Lüchinger-Hutter wuchs als Jüngste von neun Geschwistern mitten in Kriessern auf. Drei Geschwister starben früh – an Lungenentzündung, die vor der Antibiotikazeit häufig tödlich endete. Nach der Schule half sie ein Jahr lang im häuslichen Landwirtschaftsbetrieb mit, bevor sie in einem Thurgauer Haushalt Arbeit fand. Später nähte sie Sportanzüge, Skijacken, Hemden, Hosen und Overalls in der Näherei Eugster. Sie war zwanzig, als 1953 ein Platz im «Büdeli» frei wurde. Und diese Näherei lag gleich vor der Haustür: «Man brauchte kein Velo, musste sich nicht umziehen und konnte fast in den Finken arbeiten gehen.» Eine ihrer Schwestern arbeitete auch bei Kriemler. Sie feuerte im Winter frühmorgens den Kanonenofen an, damit es schön warm war, wenn die Näherinnen eintrafen. Die Arbeit sagte ihr zu, sonst wäre sie nicht geblieben.

«In der Viscose hätte man mehr verdient», wirft Irene Benz ein. Aber beide hatten sie keine Lust auf die Fabrikarbeit im Nachbardorf. Die Kunstseidefabrik habe Widnau Aufschwung verliehen. Die Widnauer seien ungemein stolz gewesen auf «ihre» Viscose.

«Und jetzt ist sie weg», konstatieren beide Frauen mit ernsten Gesichtern.

«Es hat uns gefallen im ‹Büdeli›. Wir nähten Berufsschürzen, Trägerschürzen, Halbschürzen und ab und zu Sommerröcke mit zwei Reissverschlüssen, einen hier auf der Seite und einen da hinten.» Marie Lüchinger demonstriert mit der Hand, wo die Reissverschlüsse sassen. Die Frauen lachen. Solche Kleider, wie sie Akris heute vorführe, hätten sie keine genäht.

«Wir bekamen die Schürzen fertig zugeschnitten und zusammengebunden. Alles war bereit. Man legte uns die Bündel hin. Die Vorarbeiterin brachte das Paket mit den fertigen Schürzen auf dem Veloanhänger zur Post. Es wog mindestens zwanzig Kilo. Und manchmal, wenn es eilte, musste jemand eine Bluse oder ein anderes Kleidungsstück mit dem Velo zur Post nach Altstätten bringen. Und die lag damals noch im Städtli oben.»

Ausgelacht

Alice Kriemler kam jedes Jahr zwei- bis dreimal nach Kriessern, brachte den Näherinnen Schokolade mit und gewann damit ihre Herzen. Irene Benz-Hutter: «Max Kriemler sah ich nicht häufig in all den Jahren. Aber einmal

Die achtzehnjährige Marie Hutter auf dem Velo ihrer Schwester.

fiel er fast die Treppe herunter, als ein Soldat zur Türe hereinkam.» Sie kichert wie ein junges Mädchen, in ihren blauen Augen blitzt der Schalk: «Er mochte es nicht, dass ich ihn auslachte, aber die zehn Tafeln Schokolade, die er dabei hatte, hat er uns trotzdem gegeben.»

«An der Weihnachtsfeier hat uns Alice Kriemler immer sehr freundlich begrüsst», fährt Marie Lüchinger weiter. «Man holte uns mit einem geschlossenen Kastenwagen ab, in dem sonst Kleider und Stoffe transportiert wurden. Für uns hatten sie extra Bänke hineingestellt. Der Chauffeur fuhr wie ein Henker über den Stoss, und weil wir nicht nach draussen sahen, wurde uns auf der kurvenreichen Fahrt fürchterlich schlecht. In St. Gallen angekommen, machte Frau Kriemler im Garten Atemübungen mit uns, damit wir uns wieder erholten.

An diesen Weihnachtsfeiern fühlten wir uns etwas fremd, aber wir gingen trotzdem gerne hin, weil wir vorher noch einen Schaufensterbummel machen konnten in der Stadt. Wir kamen ja sonst nie nach St. Gallen. Während der Feier sangen wir ‹Oh, du süsses Jesuskind.› Alle sechs Strophen. Später ging das Lied vergessen, aber jetzt singen sie es wieder hier im Dorf.

Alice Kriemler hat klein angefangen und meinte es gut mit uns.» «Man erzählte sich, sie habe beim Nähen mit dem einen Fuss die Nähmaschine angetrieben und mit dem anderen Fuss den Kinderwagen geschaukelt», ergänzt Irene Benz mit einem skeptischen Lächeln, bevor sich ihre Freundin erneut dem «Büdeli» zuwendet: «In den Anfangsjahren mussten wir alle Ärmel mit Wendenähten einfügen. Später gab es eine Overlockmaschine zur Versäuberung der Achsel-, Ärmel- und Seitennähte. Die Ware wurde auch auf der Rückseite kontrolliert. Kein Faden durfte vorstehen. Wenn ein Kleidungsstück nicht exakt genäht war, zeichneten sie den Fehler mit einem Zettel an und schickten die Ware zurück. Das geht mir heute noch nach. Wenn ich etwas zum Anziehen kaufe, drehe ich es gleich um und kontrolliere, wie es verarbeitet ist.

Die Arbeit ging uns nicht jeden Tag gleich gut von der Hand. Unsere Mutter meinte manchmal: ‹Heute lief es euch nicht gut. Ihr habt lauter Marienlieder gesungen.› Wir sangen viel, schliesslich hatten wir kein Radio. Es lief einfach besser mit Musik.

Manchmal beschlossen wir, eine Stunde lang nicht zu reden. Wer trotzdem sprach, musste zehn Rappen in die ‹Büdeli›-Kasse legen. Mit dem Geld machten wir unseren jährlichen Ausflug. Einmal reisten wir mit dem Zug auf die Insel Mainau, ein anderes Mal reichte das Geld nur bis Altstätten. Gute Laune hatten wir trotzdem.

Und später organisierten wir jedes Jahr einen Kriemler-Hock. Es gab einen feinen Znacht, man erzählte von früher und es wurde spät. Als ich sechzig wurde, waren sie alle bei mir, auch Agnes und Anita luden zum sechzigsten Geburtstag ein und Röslis siebzigsten Geburtstag feierten wir bei ihr zu Hause. Ich glaube, das war der letzte Kriemler-Hock.»

Der teure Kriemler-Rock

Marie Lüchinger war nicht durchgehend im «Büdeli» angestellt. Zwischendurch arbeitete sie als Hausangestellte im Zürcher Oberland.

«Eines Tages kam ein Vertreter mit einer Auswahl Kleider. Als er die Koffer auspackte, rief mich die Chefin dazu. Und da war doch tatsächlich ein Kriemler-Rock dabei: ‹Den könnte ich nicht kaufen, selbst wenn er nur zehn Franken kosten würde!›, platzte es aus mir heraus. Der Vertreter wunderte sich und verstand nicht, was ich meinte. Ich sehe das braune Wollkleid mit den eingewobenen, rötlichen Fäden noch heute vor mir. Es war gerade geschnitten, hatte einen runden Kragen und einen langen Reissverschluss.

Die Kriessner Näherinnen unterwegs zu Max Kriemlers Hochzeitsfeier: Rosmarie Hutter, Klementina Langenegger, Marlies Hutter, Marie Hutter, Claudia Zigerlig, Rita Langenegger, Rosmarie Langenegger, Irene Hutter (von links).

Das Kleid kostete 150 Franken. Und ich hatte solche Röcke für einen Franken fünfzig genäht! Die Marke Akris gab es schon damals, aber wir nähten das Akris-Etikett nicht bei allen Kleidern ein. Die Sommerkleider und Blusen liefen gut. Kriemler belieferte Globus, Jelmoli, ein grosses Modegeschäft in Luzern und das Kaufhaus Loeb in Bern.

Nach seiner Hochzeit im Herbst 1959 lud uns Max Kriemler zusammen mit der ganzen Belegschaft ins Hotel Uhler ein. Die Näherinnen aus Lindau waren auch dabei. Herr Hirt hatte uns mit dem geschlossenen Kastenwagen abgeholt. Er hatte Holzkisten in den Laderaum gestellt, Bretter darauf gelegt und alles mit einer Decke abgedeckt. Darauf mussten wir sitzen. Nach dem Fest standen wir noch lange vor dem Hotel herum. Erst weigerten wir uns, nochmals in diesen Kastenwagen einzusteigen, aber schliesslich blieb uns doch nichts anderes übrig. Züge fuhren ja keine mehr um diese Zeit.»

Irene Benz-Hutter zu Besuch in Kriessern.

Als Kindsmagd auf dem Bauernhof

Irene Benz-Hutter wuchs zusammen mit sieben Geschwistern auf. Sie war das vierte Kind. Ihr Vater war Herrenschneider und nähte Anzüge und Kostüme für die Kriessner Bevölkerung. Wie alle anderen Kinder wurde auch Irene zur Arbeit herangezogen. Während die Kriessner Mütter die Äcker im Isenriet bestellten, hüteten Schulmädchen die kleinen Kinder.
«Als ich in der zweiten Klasse war, vertraute man mir schon für ein paar Stunden einen Säugling an. Voller Stolz sass ich auf dem Diwan und hielt das Neugeborene im Arm. Ich hütete das Kindlein und beaufsichtigte gleichzeitig zwei grössere Kinder. Die Bäuerin bereitete den Schoppen vor. Sobald der kleine Zeiger bei einer bestimmten Zahl angelangt war, musste ich ihn aufwärmen, die Wärme am inneren Ellbogen prüfen und dem Kind den Schoppen geben. Im Herbst bekam ich dafür ein Paar Knospen und zu Essen gab es auch. Geschlafen habe ich zu Hause. Später schlief ich während der Ferien an meinem Arbeitsplatz. Wenn ich posten musste, lief ich zwischendurch vor lauter Heimweh nach Hause auf die Toilette. Mama fragte: ‹Hast du Heimweh?› Ich gab es nicht zu und sagte, ich hätte nur aufs WC gehen müssen.

Auf dem Bauernhof hütete ich die Kinder und das Vieh. Da sie noch keinen Wasseranschluss im Haus hatten, holten sie das Wasser im Kanäli,[1] das damals mehr Wasser führte als heute. Wenn der Rhein hoch ging, stieg auch das Kanäli. Wir holten alle Wasser, ich mit dem kleinen Kübel und sie mit dem grossen. In der Küche füllten wir es in die Stande und von dort entnahmen wir das Wasser mit einem Litermass.
Wenn der Bauer zu Hause war, durfte ich die Füsse nur im Bach waschen, und nicht im Haus. Dabei waren sie gleich wieder voller Sand, wenn ich über das Strässchen zurück ins Haus gelaufen war. Zu Beginn der Vierzigerjahre gab es in Kriessern noch sechs Häuser ohne Wasseranschluss, die anderen hatten das Wasser im Haus.»

Das Kind im Bach

«Übers Kanäli führte ein kleiner Steg. Auf der einen Seite des Bächleins wusch die Nachbarin die Wäsche, auf der anderen Seite spülte ich die Windeln. Eines Tages war die Bäuerin im Isenriet. Das zweijährige Mädchen trottete zum Bach hinunter und kam nicht zurück, als ich rief. Es kroch auf allen Vieren über den Steg und fiel ins Wasser. Ich hielt den Säugling im Arm und schrie, aber es dauerte eine Ewigkeit, bis das Mädchen unter dem Steg hervorgespült wurde. Glücklicherweise las der Gemeindeelektriker gerade den Elektrozähler ab. ‹Was ist los?›, rief er. ‹Das Mädchen ist in den Bach gefallen!› Da rannte er los, fischte das Kind aus dem Kanäli und schüttelte es aus. Die Nachbarin, die gerade ihre Wäsche aufhängte, kam auch dahergerannt. Sie zog das Mädchen aus und steckte es ins Bett.
Ich weinte und wollte nach Hause, aber sie liess mich nicht gehen. Ich war damals in der zweiten oder in der dritten Klasse und fürchtete mich vor der Bäuerin. Ich hatte Angst, sie würde mich schlagen, dabei hatte ich noch nie Schläge bekommen, in all den Jahren nie. Nicht mal eine Ohrfeige. Die Nachbarin versprach mir, ich könne sie rufen, wenn Frau Hutter nach Hause komme.
Warum ich das Mädchen nicht aus dem Bach geholt habe, wollte die Bäuerin wissen. Der Bauer unterstützte mich, ich hätte ja womöglich selbst den Halt verloren auf den glitschigen Steinen. Und dann hätte ich ja auch noch den Säugling im Arm gehabt.
Als wir in den oberen Klassen waren, spazierten wir am Sonntagnachmittag dem Rhein entlang. Das war unser grösstes Vergnügen. Wir waren zu

1 Kleiner Kanal, der das Sickerwasser des Rheins aufnahm.

viert. Vier Mädchen. Wir sangen und ratterten mit den Rollwägeli über die Schienen, auf denen werktags die Steine vom Montlinger Steinbruch transportiert wurden. Nie abwärts, immer nur rheinaufwärts bis zum Fohlenhof. Die Wüsts hatten ein Schiffchen, das sie zum Rheinholzen benutzten. Simon und Pius luden uns zum Mitfahren ein. Wir zogen das Boot hinauf nach Montlingen und liessen uns damit bis nach Kriessern treiben. Aber daheim hätten wir das nie und nimmer erzählen dürfen. ‹Was hast du zu suchen auf dem Rhein?›, hätte es dann geheissen.
Einmal musste ich meine kleine Schwester hüten. Sie war zwölf Jahre jünger als ich. Da kamen sie wieder mit dem Schiffchen. Die Buben wollten, dass ich einsteige mit dem Kinderwagen. Sie beharrten darauf, dass ich mitkomme, aber ich wollte zu Fuss zurück mit dem Wagen. Da packte einer das Kind, der andere schnappte den Kinderwagen. Und mir blieb nichts anderes übrig, als ebenfalls einzusteigen. Ich schwitzte fast Blut vor lauter Angst, schliesslich hätten uns die Grenzwächter verraten können. Und dann hätte es Ärger gegeben zu Hause.»

Wie Fährlisauen

Die Mädchen konnten nicht schwimmen, und so badeten sie nicht im Rhein.
«Und im Baggersee?»
«Dort durfte ich nicht hin», winkt Irene Benz ab. «Die Buben durften in den ‹Bagger›. Mit ihnen ging man während der Schule baden, aber mit uns nicht. Wir Mädchen haben auch nicht geturnt.»
«Nur einmal in der achten Klasse», wirft Marie Lüchinger ein. «Aber dann spienzelte der Abwart zum Fenster hinein und erzählte überall herum, wir seien am Boden gelegen wie die Fährlisauen. Einige von uns waren damals etwas postiert und hatten schon einen rechten Busen. Da sagten wir zu Lehrer Langenegger: ‹Wir gehen nicht mehr turnen.› Und damit war die Turnerei erledigt.
Die um drei Jahre jüngere Irene Benz-Hutter turnte zweimal in ihrer Schulzeit. Einmal in der Turnhalle und einmal im Freien. Sonst turnten auch in ihrem Jahrgang nur die Buben.
«Da wir keine Hosen trugen, konnten wir auch nicht so mitturnen draussen. Während der Pause am Morgen und am Nachmittag mussten wir auf und ab rennen und Völkerball oder Schlachtball spielen. Mit einem Prügel schlug die eine den Ball weg, und die andere musste ihn holen. Das spielten

Kriessern mit dem Kanäli rechts, 1960.

Nur die Buben durften im Kriessner Baggersee baden gehen.

wir auf der Strasse. Noch war der Schulplatz nicht geteert, man kieste ihn jeden Frühling frisch. Wenn man barfuss ging, fing man dort ab und zu rostige Nägel ein, die aus den Holzschuhen gefallen waren. Man zog den Nagel heraus, drückte, bis es blutete, und sprang weiter. Fertig.» Während die Buben turnten oder sich in Geometrie übten, lernten die Mädchen in der Arbeitsschule stricken, häkeln, nähen und flicken.

Die Sekundarschule wollten beide Mädchen nicht besuchen. Aber reizte es sie nicht doch, eine Lehre zu machen?

«Ich weiss nicht, wohin wir hätten gehen müssen, um Damenschneiderin zu lernen», sagt Irene Benz-Hutter. «Unser Dätti fand, ich könne Kleinstückmacherin lernen, um später Hosen und Gilets zu nähen, aber das wollte ich nicht. Und damals trugen wir ja auch noch keine Hosen.» Die Vorstellung lässt die ehemaligen Näherinnen, die beide in Hosen am Küchentisch sitzen, in lautes Gelächter ausbrechen. In Kriessern seien sie stets nobel angezogen gewesen. Am Sonntag hätten alle Männer Anzüge getragen und die Frauen Kostüme. Niemand wäre am Sonntag in der Strickjacke zur Kirche gegangen. Irene Benz-Hutter zog sonntags ihr schwarzes Kostüm und die weissen Filethandschuhe an – und umgehend wieder aus, sobald sie zu Hause war.

Nicht überall habe man damals so viel Wert auf feine Kleidung gelegt, ist von den Freundinnen zu erfahren. Die Rheindörfer hätten miteinander konkurriert und die Kriessnerinnen hätten den modebewussten Widnauerinnen in nichts nachstehen wollen.

«Im Dorf gab es kein Kleidergeschäft und niemand hatte einen Anzug von der Stange. Man ging zum Schneider», sagt Irene Benz. «Dätti gab ihnen Muster mit, und die Leute suchten den Stoff aus. Manchmal brachten sie ihn auch mit. Er nähte die Anzüge und lieferte sie vor Ostern, Pfingsten oder Weihnachten aus, wenn die Leute das Geld beisammen hatten. Dann zahlten sie. Die Kriessner zahlten immer.»

«Kriessern gesperrt»

1946 eröffnete Erwin Hutter in Altstätten ein kleines Modegeschäft. Da er in Kriessern aufgewachsen war, fühlte sich auch die Kriessner Bevölkerung angesprochen. Und so machten sich die Leute auf nach Altstätten ins Modegeschäft Hutter und begannen dort, Damen- und Herrenkonfektion ab der Stange zu kaufen. Anfänglich unterstützte ihn seine Schwester Angela im Geschäft, später seine Frau Irma, eine Damenschneiderin. «Wenn Irma

Beim sonntäglichen Kirchgang trug man Anzug und Kostüm mit Hut, 1946. Rösli Weder, zweite von rechts.

die Kundschaft bediente, riet sie vom Kauf ab, wenn sie schon ein gleiches Stück nach Kriessern oder nach Oberriet verkauft hatte. ‹Nein, das darfst du nicht geben, das ist schon in Kriessern›, warnte sie ihren Mann. Und um sicher zu gehen, brachte sie auf dem Kleideretikett den Vermerk an: ‹Kriessern gesperrt›. Sie achtete darauf, dass im gleichen Dorf nicht zwei gleiche Mäntel und zwei gleiche Kleider ‹herumliefen›.»

Marie Lüchinger hält es heute noch so: «Vor ein paar Jahren war ich an der Olma und fror, weil ich nur einen leichten Blazer angezogen hatte. Da kaufte ich mir in einem Kaufhaus eine schöne Jacke. Als es auf Weihnachten zu ging und ich morgens die Roratemesse besuchte, sassen in derselben Bank vier Frauen mit der gleichen Jacke! Da gab ich sie gleich weg. Ich hätte sie nicht mehr angezogen.»

«Wovon träumten Sie als junge Mädchen?»

«Natürlich vom Heiraten!», rufen beide wie aus einem Mund. Marie Lüchinger hatte einen Freund, der manchmal ans «Büdeli»-Fenster trat.

«Er wunderte sich: ‹Dass du in diesem Gestank arbeiten kannst!› Neuer Stoff riecht. Ich mochte das, aber er kann den Geruch von neuem Stoff oder frisch gewaschener Wäsche noch heute nicht ausstehen. Marie Hutter und Siegfried Lüchinger heirateten 1959, Marie gab ihre Arbeit im «Büdeli» auf und zog stattdessen sechs Kinder auf. Für den Hausgebrauch schneiderte sie weiter-

hin: alles fürs erste Kind, einfache Sommerkleider, Blusen und Farmerhosen. Nach den Akris-Schnittmustern. Die Näherinnen hatten die zugeschnittenen Stoffe heimlich auf Papier gelegt und die Muster abgenommen. Sogar die Werktagshosen für den Mann nähte sie selbst. Mangels Schnittmuster liess sie den Stoff von Herrenschneider August Hutter zuschneiden.
Der Mann, der noch immer keinen Stoff riechen kann, tritt in die Küche. Die Kaffeemühle lärmt, seine Frau reicht ihm eine Tasse und legt ihm ein Stück Patisserie auf den Teller. Man spricht von früher. Bevor er sich selbständig machte, hatte er bei Hugo Dietsche gearbeitet. Das 1942 gegründete Tiefbauunternehmen hatte mit Drainagearbeiten zur Bodenverbesserung der Rheinebene begonnen. Es waren Kriegszeiten und die «Anbauschlacht»[1] setzte entwässerte Äcker voraus. Die Arbeiter hoben die Gräben für die Entwässerungsröhren mit Schaufel und Pickel aus. Ende der Fünfzigerjahre verlegte sich das Unternehmen auf den Strassenbau. Die Kriessner Männer arbeiteten damals bei Hugo Dietsche, bei Jansen in Oberriet oder in der Viscose in Widnau.
«Und die Frauen?»
«Die Verheirateten arbeiteten im Isenriet auf den Äckern», sagt Marie Lüchinger. «Am Feierabend stickten sie nach oder schnitten Stickereistoffe aus.»
«Und die Ledigen?»
«Die arbeiteten in einer der drei Kriessner Nähereien, in der Viscose in Widnau, bei Jacob Rohner in Rebstein oder in der Union in Altstätten.»

Nach Brülisau geflohen

«Was spürten Sie vom Krieg?»
«Nichts», sind sich die Freundinnen einig, um dann doch aus dieser Zeit zu erzählen.
«In den Kriegsjahren war das Militär im ‹Büdeli› einquartiert, wo später die Näherei untergebracht war. ‹Ich bin stolz, ein Kanonier zu sein›, stand beim Eingang auf einem schön verzierten, braunen Brett. Wir gingen häufig beim Kantonnement vorbei – es gab dort feine Soldatenkrömli. Angst hatten wir keine, wir waren Gofen und wussten von nichts. Der Krieg war ja über dem Rhein. Das betraf uns nicht. Aber die Eltern hatten schon Angst», weiss Irene Benz und Marie Lüchinger ergänzt: «Als man fürchtete, dass Hitler die Schweiz einnimmt, flohen deine Eltern mit euch nach Brülisau. Dein Onkel war Posthalter und hatte ein Auto, er brachte euch weg.»

1 Programm zur Förderung des inländischen Lebensmittelanbaus im Zweiten Weltkrieg.

Eine Kompanie zieht durch Kriessern. Noch sind die Dorfstrassen ungeteert, Vierzigerjahre.

Irene Benz: «Wir blieben nur ein paar Tage bei Bekannten. Mama war in Erwartung mit dem siebten Kind.» Mehr weiss sie nicht, schliesslich war sie 1940 erst vier Jahre alt.
«Das Pferd mussten wir in den Krieg geben, aber wir hatten noch Vieh zu versorgen», fährt Marie Lüchinger fort. «Meine Schwester Martha und mein Bruder Arthur hätten die Kühe im Ernstfall auf den Schulplatz treiben müssen. Wir packten zusammen. Man füllte mir die graue Schultasche mit Kleidern und Esswaren, bis ich sie fast nicht mehr tragen konnte. Meine bald neunzigjährige Grossmutter wohnte auch bei uns. Sie fragte meine Mutter: ‹Geht ihr jetzt weg und lässt mich einfach hier?› Mutter beruhigte sie: ‹Ich bleibe auch hier, ich geh nicht weg.› Was sie mit mir vorhatten, weiss ich nicht mehr.» Es war um den 13. Mai 1940, als unklar war, ob die deutschen Truppen Frankreich über die Schweiz angreifen würden. Sie stiessen stattdessen über Belgien und die Niederlande nach Frankreich vor. Danach beruhigte sich die Lage im St. Galler Rheintal.

Alliierte Bomber

Nachdem die Alliierten begonnen hatten, die Städte in Süddeutschland zu bombardieren, flog auch der eine oder andere Bomber übers Tal. Wenn sie von der deutschen Fliegerabwehr getroffen wurden, kam es im Rheintal zu Notlandungen. So auch am 16. März 1944. Eine amerikanische Boeing, die bei ihrem Einsatz über Süddeutschland angeschossen worden war, landete im Gebiet Krummensee mit eingezogenem Fahrwerk auf dem Bauch. Irene Benz erinnert sich: «Wir waren in der Schule und hörten den Flieger kreisen. Als er landete, rannten wir alle hin. Die Lehrerin liess uns gehen. Dein Vater eilte mit der Fahne zum Landeplatz. Es waren Amerikaner, einige sassen noch im Flieger.»

«Es gibt Fotos davon!», ruft Marie Lüchinger und beginnt gleich, im Stubenbuffet danach zu suchen. Der Kriessner Fotochronist Heribert Hutter habe den Bomber samt Vater und Schweizer Fahne fotografiert. Danach sei das Militär gekommen und habe den Film beschlagnahmt. Glücklicherweise hatte er soeben einen neuen Film eingespannt. Seine Bilder blieben erhalten und zeigen den Bomber auf der dünnen Schneefläche, die Amerikaner in ihren ledernen Fliegerjacken und die neugierige Bevölkerung: Frauen in Schürzen, Wintermänteln und Kopftüchern. Ihre Füsse stecken in dicken Socken und festen Winterschuhen. Und vor dem Flugzeug sieht man Maries Vater Gottfried Hutter lachend die Schweizer Fahne schwenken. Irene war ebenfalls in Richtung Krummensee gerannt.

Auch ein Jahr später, als die Erste Französische Armee mit zehn Divisionen durch Vorarlberg zog und sich Gefechte mit deutschen Kampfeinheiten lieferte, die sich im Raum Götzis und am Kummenberg verschanzt hatten, hielt es die Schülerinnen und Schüler nicht auf den Schulbänken. Sie kehrten nach der Pause nicht mehr ins Schulzimmer zurück und schauten sich die schiessenden Tiefflieger vom Rheindamm aus an.

Die französischen Truppen schoben einen Strom von Flüchtlingen vor sich her. Um nicht in die Kriegshandlungen verstrickt zu werden, drängten auch zahlreiche Einwohnerinnen und Einwohner der benachbarten Vorarlberger Dörfer in die Schweiz. Das Schweizer Militär hatte sich von der Grenze zurückgezogen. Mit Ausnahme von St. Margrethen und Buchs waren alle Grenzübergänge geschlossen.

«Mein Vater und der Hermann aus dem Lebensmittelladen mussten als HD-Soldaten die Rheinbrücke bewachen», erzählt Marie Lüchinger. «Damit die Österreicher nicht heimlich fliehen konnten, hatte man bei der

Bauchlandung einer amerikanischen Boeing bei Kriessern im März 1944. Gottfried Hutter schwenkt die Schweizer Fahne.

gedeckten Holzbrücke die Seitenwände entfernt und nur die Verstrebungen stehen lassen. Es zog wie ein Sukog. In der Mitte der Brücke war ein Holztor angebracht, das von einem Schweizer und einem Österreicher geschlossen wurde. Als sich die Rheinbrücke mit weinenden Frauen und Kindern füllte, sagte mein Vater: ‹Jetzt könnt ihr machen, was ihr wollt, ich öffne die Brücke, sie sollen kommen.› Da strömten sie scharenweise über die Grenze. Ich war schon im Bett. Mutter weckte mich und stellte sich mit mir ans Fenster. ‹Schau, sind das arme Leute!›» Auch Irene blickte aus dem Fenster, als die Flüchtlinge vorbeizogen: «Wir hatten schulfrei, als ganze Prozessionen von Flüchtlingen aus Mäder nach Kriessern marschierten.»

Am 2. Mai 1945 zählte der Grenzwachtposten Kriessern 346 Flüchtlinge.[1] Die einen führten Kleiderbündel auf Fahrrädern mit, andere hatten ihre Habseligkeiten auf Leiterwagen oder in Taschen gepackt. Die Ortswehr und Sanitäterinnen räumten die Schulzimmer und den Sternensaal. Die Fussböden legten sie mit Stroh und Wolldecken aus. Das Militär kümmerte sich um die Verpflegung. Am Folgetag hatten die französischen Truppen Götzis, Koblach, Mäder und Meiningen passiert, und die Flüchtlinge kehrten wieder in ihre Dörfer zurück. In der Schweiz bleiben konnten sie nicht. Götzis war stark beschossen worden. Die Kämpfe hatten fünf Todesopfer gefordert. Zwei junge Burschen waren standrechtlich erschossen worden.[2]

Der marokkanische Geissbock

Am Abend des 8. Mai zog die Kriessner Dorfmusik ins Rheinvorland, um das Kriegsende mit Musik und Feuerwerk zu feiern. Die französischen Soldaten jagten derweil Leuchtraketen in den Himmel. Später luden die Franzosen die Kriessner Bevölkerung zum Militärkonzert ein.

«Unser Pfarrer konnte Französisch», erzählt Irene Benz. Er sprach mit den Verantwortlichen und erreichte, dass die Franzosen die Grenze passieren durften. Die französische Militärmusik spielte beim Zollamt im Rheinvorland auf. Auch Marokkaner waren dabei. Sie hatten einen grossen afrikanischen Geissbock bei sich. Das Glückstier des Regiments graste friedlich neben den Musikanten. Sobald die Musik einsetzte, hörte der Geissbock auf zu fressen. Später kamen die Marokkaner einzeln über die Grenze.» Vorarl-

1 Gabriel Sidler: Kriegsende in Oberriet. Ein SBB-Zug unter Beschuss und die Notlandung einer Boeing, in: Jahrbuch Unser Rheintal, Rüthi 2010.

2 Ebenda.

Die gedeckte Holzbrücke zwischen Kriessern und Mäder.

berg blieb längere Zeit von französischen Truppen besetzt. Sie kümmerten sich auch um die Grenzbewachung.

Irene war bei Kriegsende neun Jahre alt: «Man schaute sich die Marokkaner an, aber man ging nicht zu nahe ran, weil man sich ein bisschen fürchtete. Aber eigentlich hätte man sie nicht fürchten müssen, vor allem die Kinder nicht. Die marokkanischen Soldaten liebten die Kinder.» Marie Lüchinger fällt ihr ins Wort: «Aber die jungen Mädchen, die mussten sie drüben einsperren, wenn es dunkel wurde.»

Auch Irene Benz-Hutter hatte nach der Schule in der Näherei Eugster gearbeitet, bevor sie eine Stelle in einem Basler Konditoreihaushalt fand. Von dort kam sie als Küchenhilfe ins Sanatorium Sanitas nach Davos, wo sie ihren zwanzigsten Geburtstag feierte: «Ich bekam von den Eltern ein Paar Schuhe geschenkt: schöne schwarze Pumps aus Lack und Wildleder mit Absatz. Aber dort oben konnte ich sie nicht anziehen. Tanzen gehen lag nicht drin. Wir waren gehörig angebunden. Wenn wir in den Ausgang wollten, gingen wir zu viert. Man musste im Büro um Erlaubnis bitten und sagen, wohin man ging. Und abends um zehn mussten wir wieder im Haus sein.

Ich hatte ständig Heimweh nach Kriessern. Ich hatte sogar Heimweh, als ich schon in Oberriet verheiratet war.»

Irene Benz-Hutter hatte 1957 begonnen, für Kriemler-Schoch zu arbeiten – in den Sechzigerjahren wurde sie Vorarbeiterin. Sie war die letzte. Kurz

Flüchtlinge in Kriessern, Mai 1945.

Die Flüchtlinge kehren zurück.

Der afrikanische Ziegenbock.

nach ihrer Heirat wurde das «Büdeli» geschlossen. Wie ihre Vorgängerinnen hatte sie die Arbeit verteilt, die Nähte kontrolliert und Buch geführt. An jede Schürze hatte sie einen Zettel mit den Nähkosten und dem Namen der Näherin gesteckt.

«Wer reklamierte, wenn die Qualität nicht stimmte?»

«Frau Horath war zuständig für uns. Sie rief an, wenn sie etwas zu beanstanden hatte.» Es hat auch grundsätzliche Reklamationen gegeben: «Ihr achtet zu sehr auf Quantität statt auf Qualität», wurde bemängelt.

«Dann müsst ihr halt mehr bezahlen», murmelte es in solchen Fällen hinter vorgehaltener Hand im Kriessner «Büdeli». Offen vorgetragen wurden die Lohnforderungen nicht. Das hätten sich die Näherinnen nicht getraut. Was den hohen Qualitätsansprüchen nicht genügte, gelangte in den Sonderverkauf. So auch eine Mädchenschürze aus hellblauem Vichy-Karo mit elfenbeinfarbenem Webmuster und aufgesetzter Tasche. Das Stück mit der fehlerhaften Naht lag fünfzig Jahre lang im Kleiderschrank von Irene Benz. Das Akris-Papieretikett «Nr. 285, Dessin 23485, Länge 45» ist noch heute am Saum befestigt.

Die wiedergefundene Mädchenschürze.

Renate Lüchinger-Rohner (1946), Kriessern, bei Akris von 1961 bis 1966

Angstfrei

Wellensittiche, Spitzschwänze, Zebrafinken und Nymphensittiche zetern und zwitschern durcheinander. Die grosse Voliere steht gleich neben dem Balkon. Draussen versteht man kein Wort. Wir setzen uns ins Esszimmer – trotz strahlendem Frühsommerwetter. Die Vögel sind das Hobby ihres Mannes. Renate Lüchinger hatte sie zwar gefüttert, bis er sich nach dreiundvierzig Buchhalterjahren pensionieren liess. Aber ihr Herz schlägt nicht für die Vogelschar, ihr Herz schlägt für den Kirchenchor. Seit über vierzig Jahren. Das Singen beglückt sie und der Zusammenhalt unter den Sängerinnen und Sängern tut ihr gut. Montags nach der Probe sitzen sie alle im «Sternen» zusammen.

Renate Lüchinger-Rohner.

Josef Tschirkys Klasse, Renate mit weisser Haarschleife, zweite Reihe Mitte.

«Ich wollte in die Sekundarschule, aber meine Mutter sagte: ‹Ich brauche dich.› Da machte ich die Realschule bei Hans Goldener. Und als der Lehrer nach Altstätten zog, war auch die Kriessner Realschule weg.» Renate Lüchinger-Rohner ist Anita Hutters und Melitha Dietsches Stiefschwester. Ihre Mutter hatte nochmals geheiratet, einige Jahre nachdem ihr erster Mann gestorben war, doch die Ehe hielt nicht lange, und so setzte die Mutter ihr karges Leben als Alleinerziehende mit sechs Kindern fort. Was sie anordnete, hat auch das Leben der Jüngsten geprägt. Sie nahm es hin. Renate Lüchinger blickt mich aus grossen, blauen Augen an.
«Mit fünfzehn fing ich im ‹Büdeli› an – bei einem Stundenlohn von einem Franken zwanzig. Das war 1961. Wir waren etwa zehn Näherinnen. Erst sollte ich mich umschauen und einarbeiten. Später nähte ich auch im Akkord. Es war alles vorgeschnitten, wir mussten es nur noch nähen: Schürzen, Blusen, Kinderkleider, Kinderhosen. Die Naht durfte stets nur so breit

Renate Lüchinger-Rohner (hinten Mitte) mit ihren Arbeitskolleginnen, 1961.

sein wie das Füssli. Eine von uns hatte eine Overlockmaschine. Durch ihre Maschine gingen alle Stoffpartien, bevor sie an die Näherinnen verteilt wurden. Die Jahre im ‹Büdeli› waren eine schöne Zeit. Wir waren sehr gerne dort und hielten zusammen, schliesslich kamen wir alle aus Kriessern.»

Hochkonjunktur

Mitte der Sechzigerjahre nähten sie im «Büdeli» nur noch zu fünft. Die Löhne der Arbeiterinnen stagnierten ebenso wie der Absatz der Schürzen. Es war Hochkonjunktur. Die jungen Frauen waren mobiler geworden, sie machten eine Lehre und verdienten ihr Geld anderswo.
Als das Kriessner «Büdeli» Ende 1966 geschlossen wurde, wechselte Renate Lüchinger zur Näherei Eugster: «Dort nähte ich Skijacken, aber immer nur einzelne Partien, nie die ganze Jacke. Ich wäre gerne nach Widnau arbeiten gegangen. Meine Cousine nähte dort hinter dem Migros-Markt, aber Mut-

ter liess mich nicht gehen. ‹Ich brauche dich daheim›, sagte sie. Wenn Heuwetter war oder wenn die Buschbohnen geerntet werden mussten, sollte ich in der Nähe sein, damit sie mich rufen konnte. Die Stunden, die ich in der Näherei fehlte, holte ich nach.»
«Ein Krampf?»
«Ja, aber es reut mich keine Minute. Man lernte zu arbeiten. Die Näherei hat mich befriedigt, ich hätte keine andere Arbeit machen wollen. Sicher wäre es schön gewesen, eine Lehre zu machen. Dann hätten wir das Schnittmusterzeichnen gelernt. Aber Mutter war alleine mit dem Bauernhof und dem Acker. Wir hatten Schweine zu besorgen, Rüebli und Bohnen anzubauen. Mit dem Gemüse belieferten wir die Konservenfabriken.
Früher trugen alle Frauen und Mädchen Schürzen. Werktags immer. Nur am Sonntag gingen sie ohne Schürze aus dem Haus und manche legten sie auch zum Einkaufen ab. Meine Mutter trug Schlupfschürzen mit Bändern zum Binden. Sie liebte diese Schürzen und trug sie lange Zeit. Manchmal kaufte sie Stoff und bat mich, ihr daraus eine neue Schürze zu nähen. Wir nähten ihr auch welche zum Geburtstag oder zu Weihnachten. Die jüngeren Frauen trugen eher bunt gemusterte Kasaks, die vorne durchgeknöpft waren.
Meinen Lohn musste ich abliefern, etwas Taschengeld durfte ich behalten. Dafür gab mir meine Mutter das Geld für die Aussteuer.» Die Nussbaumwohnwand aus den Sechzigerjahren steht noch im Wohnzimmer. Die restlichen Möbel sind neueren Datums: dunkelgraue Alkantara-Polstermöbel mit kamelbraunen Decken, eine Büroecke aus hellem Eichenholz, dazu ein achteckiger Holztisch mit einer rotbraunen Stickereidecke und gepolsterten Stühlen. An der Stirnwand des Esszimmers verrät ein Computerbild, dass das Paar über vierzig Ehejahre auf dem Buckel hat, eine Kinderzeichnung wünscht Glück für weitere gemeinsame Jahre. Computer und Drucker stehen ebenso selbstverständlich im Esszimmer wie der grosse Flachbildschirm in der Stube. Schräg gegenüber kündet eine weisse Muttergottesfigur von alten Gewissheiten. Ein Ölbild der St.-Anna-Kapelle vom Montlingerbergli erinnert ans Heimatdorf des Ehemannes.
«Ich wäre mit meinem Mann nach Montlingen gezogen, das hätte mir nichts ausgemacht. Er hätte von seinem Vater ein Grundstück bekommen, aber weil meine Mutter alleine war, sagte sie, sie lasse mich nicht gerne nach Montlingen ziehen. Dann sei niemand mehr für sie da. Da waren ja auch noch die anderen Geschwister, aber ich stand ihr halt am nächsten,

Renate Lüchinger im selbst genähten Kasak auf dem Kartoffelacker.

Hausbau auf Mutters Grundstück: Rosa Rohner-Baumgartner bringt das Bier.

weil ich am längsten zu Hause geblieben war. Da sagte mein Mann: ‹Gut, Mamma, ich zahle dir gleich viel für den Boden, wie ich meinem Dätti bezahlen müsste.›
Sie schlug uns ein Grundstück an der Strasse vor, aber das wollten wir nicht. Wir wählten ein Stück Boden am Südrand mit Sicht auf die Felder und die Berge. An der Strasse war es uns zu laut, schliesslich fuhr dort vor der Umfahrungsstrasse der ganze Verkehr aus Altstätten und aus dem Appenzellerland durch. Die alten Frauen hatten nichts damals. Keine Hobbys, kein Vergnügen, keine Zerstreuung. So setzten sie sich ans Fenster und schauten, was auf der Strasse vor sich ging. Sie kannten nichts anderes und hatten nichts anderes. Mutter dachte, ich brauche das auch.»
Beim Bau des neuen Hauses halfen alle mit. Den Aushub gruben die Männer mit Pickel und Schaufel, Renate Lüchinger und ihre Mutter reichten ihnen den Zvieri und das Bier. Die junge Frau legte auch selbst Hand an den Bau: Sie strich die Fensterrahmen und verlegte den Estrichboden.

Renate Lüchingers Mutter, die ihre sechs Kinder als Alleinerziehende mit schwerer Feldarbeit und strenger Erziehung durchgebracht hatte, lebte bis zuletzt in rigider Sparsamkeit in ihrem einfachen Bauernhaus. Damit sie den Kachelofen weniger einheizen musste, trug sie auch in der Stube ein Kopftuch und zog oft mehrere Strickjacken übereinander an. Sie hinterliess ihren Kindern das Haus mit dem grossen Baumgarten, und inzwischen wohnen mehrere Enkel- und Urenkelkinder auf ihrem Land.

Die Flitterwoche

Renate Lüchinger blättert im Hochzeitsalbum: «1969 haben wir geheiratet.» Die Hochzeitsgäste, alle mit einer roten Nelke geschmückt, marschieren in Zweierkolonne vom Elternhaus zur Kirche. Die Dorfmusik führt die Hochzeitsgesellschaft an, gefolgt vom Brautpaar und der Trauzeugin mit den hoch toupierten Haaren.

Nach der Hochzeit fuhren die Frischvermählten mit der Vespa über den San Bernardino ins Tessin. Den braunen Koffer klemmten sie hinter den Rücksitz. Es war Ende Oktober. Der rot-weisse Helm der Ehefrau passte farblich zum roten Wintermantel. Ihre schwarzen Steghosen steckten in Stiefeletten. Am Mittag flanierte das Paar bereits durch Locarno, obwohl es die steile Passstrasse auf der San-Bernardino-Südseite wegen der lädierten Bremsbeläge nur im Schritttempo befahren konnte. Am Nachmittag ging's mit reparierten Bremsen weiter ins Verzascatal. Bis ins hinterste Dorf. Fotos zeigen die junge Frau im blauen Deuxpièces und eleganten, schwarzen Schuhen auf der alten Römerbrücke. Nach einer einzigen Flitterwoche fuhren die Jungverheirateten zurück. Diesmal über den Gotthard und den Klausenpass, wo sie sich gegenseitig beim Ziegenkraulen fotografierten. Und weil es zu regnen begann, übernachteten sie auf dem Urnerboden.

«Anfänglich nähte ich alle Kleider für meine beiden Kinder selbst, auch meine Sommerkleider. Die Schnittmuster stammten vom ‹Büdeli›. Wir hatten die geschnittenen Stoffteile auf Packpapier und zusammengeklebte Zeitungen gelegt und so die Muster abgenommen. Sie lagen jahrelang in einer Schachtel. Irgendwann warf ich sie weg. In den Achtzigerjahren, als der Sohn in die Schule kam, hörte ich auf, für die Kinder zu nähen. Es lohnte sich nicht mehr, inzwischen war der Stoff teurer als die fertigen Hosen.»

Stattdessen nähte sie in Heimarbeit Kinderkleider, Blusen und Jupes für Sandherr Textil auf dem Tigelberg. Später stellte das Unternehmen auf Tischtücher und Zierdecken um. Renate Lüchinger nähte die bogenförmi-

Das Brautpaar schreitet zur Trauung, 1969.

Bereit zur Abfahrt in die Flitterwoche.

gen Abschlusskanten und verdiente mit der Heimarbeit 500 bis 600 Franken pro Monat dazu. Zwanzig Jahre lang. Daneben führte sie den Haushalt, ging ihrer Mutter zur Hand, zog ihre beiden Kinder auf und besorgte die Kaninchen und die Vögel ihres Mannes. Noch flickt sie für ihren Sohn, aber mit dem Nähen hat sie aufgehört. Die Stickereivorhänge im Wohnzimmer waren ihre letzte Näharbeit.

Die Sechsundsechzigjährige zeigt auf ihre rauen Hautstellen am Arm: «Es begann mit siebzehn. Damals hätte man mich nicht anschauen dürfen. Man wäre erschrocken. Heute ist die Psoriasis nicht mehr so stark. Ich war vier Wochen lang in einer Kur in Zürich. Dort wurde es besser. Jeden Tag zwanzig Minuten Baden, anschliessend Lichttherapie, danach wurde ich eingecremt und in ein Leintuch gewickelt. Eine Stunde lang lag ich so da. Jeden Tag. Dann hat es Klick gemacht im Kopf. Seither ärgere ich mich nicht mehr über Dinge, die ich doch nicht ändern kann. Ich stelle einfach ab und sage mir: ‹Das geht mich nichts an.› Die Haut ist meine Schwachstelle. Wir fuhren ans Meer in die Ferien. Das tat mir gut. Und die Haltung meines Mannes hat mir auch geholfen. Er hat mich so akzeptiert, wie ich bin. Auch im Kirchenchor fühle ich mich angenommen. Sie haben mich nie ausgegrenzt, das ist viel wert.»

Mit Designermode hat sich die Näherin nie befasst. Sie wusste lange nichts vom Aufschwung des Bekleidungsunternehmens, für das sie einst Schürzen genäht hatte. Bis sie mit dem Kirchenchor das St. Galler Textilmuseum besuchte.

Renate Lüchinger bewegt sich täglich in der freien Natur, geht übers Ried oder an den Rhein spazieren. «Dass du dich alleine ins Ried wagst!» Das hört sie oft. «Ich sage dann: ‹Wieso denn nicht, es kommt doch kein Mensch!› Ich hatte noch nie Angst. Auch zu Hause nicht. Unsere Schlafkammern lagen in einem Anbau und waren nur über den Estrich zu erreichen. Mutter hängte dort im Winter die Wäsche zum Trocknen auf. Und wenn es schneite, lag Schnee auf dem Durchgang. Wir konnten die Schlafzimmer zwar abschliessen, aber der Zugang blieb offen. Meine Schwester Anita wohnte am längsten zu Hause. Wenn wir ins Bett gingen, lief sie voraus und ich hinterher. Dann sagte sie zu mir: ‹Mach schnell, beeil dich, es kommt einer!› Sie hatte selbst Angst und machte mir Angst, um ihre eigene Furcht zu überwinden.» Renate Lüchinger lacht. «Als sie nicht mehr hier wohnte, schlief ich alleine oben und war überzeugt: ‹Es kommt keiner.› Ich war schon in der Schule angstfrei.»

Ein Quäntchen Glück

Zehn Ostschweizerinnen schildern ihren Alltag im zwanzigsten Jahrhundert – aus sehr unterschiedlichen Perspektiven. Während die St. Galler Fabrikantin auf exakte und fleissige Näherinnen angewiesen war, um ihr Unternehmen zum Erfolg zu führen, verbrachten die jungen Arbeiterinnen vom Land ihren Alltag an der Nähmaschine, um ihre Familien zu unterstützen. Damals wie heute waren die Näherinnenlöhne tief. Trotzdem war das Einvernehmen zwischen Arbeitnehmerinnen und Arbeitgeberin gut. Aus mehreren Gründen:

Die Näherinnen nahmen Alice Kriemler aufgrund ihrer Herkunft als eine der Ihren wahr. Sie kannte die harte Arbeit auf dem Bauernhof und an der Nähmaschine aus eigener Erfahrung und hat davon erzählt. Als Fabrikantin blieb sie im Auftritt bescheiden, ihr Umgang mit den jungen Frauen war familiär und die persönliche Wertschätzung für deren Arbeit stets vorhanden. Berührungsängste hatte sie keine: Bei einer Besprechung mit einer Vorarbeiterin im Ried teilte sie am Wegrand ihr Butterbrot, sie besuchte eine Näherin im Spital und nahm an Melitha Dietsches Hochzeit teil. Dass Alice Kriemler den Aufstieg geschafft hatte und das Unternehmen nach dem Tod ihres Ehemannes erfolgreich weiterführte, trug ihr den Respekt der Arbeiterinnen ein.

Bis zur Heirat wohnten die Kriessner Näherinnen im Familienverband und ordneten ihre individuellen Wünsche und Perspektiven der Familienökonomie unter. Die Eltern bestimmten, welche Arbeit die jungen Frauen anzunehmen hatten: eine Stelle als Näherin am Wohnort, die Raum für die notwendige Feldarbeit bot, oder die besser bezahlte Fabrikarbeit in der Kunstseidefabrik in Widnau, in die sie mit dem Personalbus fahren konnten. Alternativen oder Lehrstellen für Mädchen gab es keine im Dorf, eine lebenslange Berufstätigkeit oder ein unabhängiges Leben waren nicht vorgesehen. Wer Ausbildungs- und Berufswünsche hegte, fügte sich. Die Mehrzahl hat sich damit arrangiert. Bei einzelnen Frauen ist der Schmerz über die fehlenden Entwicklungsmöglichkeiten noch heute spürbar. Die starke Verankerung im Glauben gibt ihnen Halt: Muttergottesfiguren und Kruzifixe sind in jedem Haus zu finden. Im abgeschiedenen, katholischen Kriessern haben sich die Autoritäten länger gehalten als anderswo. Gegen die Eltern lehnte man sich hier ebenso wenig auf wie gegen die Arbeitgeberin. Und so trugen die Näherinnen auch ihre Wünsche nach Lohnerhöhung nur zaghaft vor. Wenn überhaupt.

Ob Fabrikantin oder Näherin: Die porträtierten Frauen haben ein arbeitsames Leben hinter sich. Sie kamen alle aus dem bäuerlichen oder kleingewerblichen Milieu. Dass Alice Kriemler den Aufstieg zur wohlhabenden Fabrikantin schaffte, hat nicht nur mit ihrer Ausbildung und Tüchtigkeit zu tun, sondern auch mit den weiblichen Vorbildern, die sie in ihrer Verwandtschaft vorfand, und mit der Förderung durch ihre Tante in der Blusen- und Schürzenfabrik Flawil. Um Hausarbeit und Kindererziehung kümmerte sich bei der Tante das Personal. Alice Kriemler hielt es ebenso und widmete ihre ganze Kraft dem Aufbau des Unternehmens. Ihr Mann Albert Kriemler war als guter Verkäufer die optimale Ergänzung zu diesem Lebensentwurf. Zum Erfolg des Unternehmens trugen aber auch die Näherinnen bei, welche die Schürzen, Blusen und Kleider mit der geforderten Präzision und Zuverlässigkeit produzierten. Mit ihrem bescheidenen Lohn vergrösserten sie jene Marge, die den Fortbestand des Unternehmens sicherte und den Wohlstand ihrer Arbeitgeberin begründete. Weder Alice Kriemler-Schoch noch die Kriessner Näherinnen wurden von Schicksalsschlägen verschont. Sie haben sie alle gemeistert. Zufriedenheit ist angesagt. Da und dort blitzt gar ein Quäntchen Glück auf. In den Tagebüchern der Akris-Gründerin oder am Küchentisch von Rösli Lutz-Weder.

Glossar

all pott	immer wieder
anstecken	Gemüse anbauen
bäcklen	die Pfeife rauchen
Base	Tante, spätere Bedeutung: Cousine
Busli	einjähriges Rind
Buwärli	Erbsen
drauf, wir mussten drauf	wir mussten uns beeilen mit der Arbeit
Fährli	junge Schweine
Fährlisauen	Mutterschweine
Galtlig	Rind
Gelte	Zuber
Goass	Ziege
Gofen	Kinder
Göppel	Maschine
gradheba	den Ton halten
Holderzinne	Holunderbeerkompott
Knospen	Holzschuhe
krampfen	schuften
Krömli	Kekse
nachsticken	Stickfehler in Stickereistoffen nachbessern
oberluftig	föhnig
Puverlis	Erbsen
Rheinholzen	Holzstämme aus dem Rhein fischen
Ribel	gekochter und anschliessend gerösteter Maisgriess, Hauptnahrungsmittel der Rheintaler Bevölkerung
Rössligschirr	Zaumzeug für Kinder
Schesawagen	Kinderwagen
Schollenstechen	Torfstechen
Silvester Bettnäschter	wer an Silvester als Letzte aufsteht oder zur Arbeit kommt
spitzeln	rüsten
Stande	Bottich
Stumpen	kleiner Cervelat
Sukoga	dumme Dinger
wie ein Sukog	wie verrückt
Tenn	Scheune
verstrupfen	krepieren
Wäslig	Grassoden, ausgestochener Grasteppich
werchen	hart arbeiten
Zäuerlen	Ostschweizer Naturjodel

Bildnachweis

Seite 9: Sammlung Benedikt Hutter, Archiv Museum Rothus, Oberriet
Seiten 10-11: Heribert Hutter, Sammlung Rita Stieger
Seite 12 oben: Sammlung Benedikt Hutter, Archiv Museum Rothus, Oberriet
Seite 12 unten: Heribert Hutter, Archiv Museum Rothus, Oberriet
Seite 15: Privatbesitz
Seite 16: Archiv der Gemeinde Oberriet
Seiten 17, 18, 19, 20, 21, 23: Privatbesitz
Seite 25: Sam Thomas
Seite 27: Privatbesitz
Seite 28: Archiv der Gemeinde Oberriet
Seite 33: Sammlung Benedikt Hutter, Archiv Museum Rothus, Oberriet
Seite 35: Archiv der Gemeinde Oberriet
Seiten 39, 41: Sam Thomas
Seite 42: Privatbesitz
Seite 43 oben: Sammlung Rita Stieger
Seite 43 unten: Sammlung Wendel Langenegger
Seite 47: Sam Thomas
Seiten 49, 50, 51: Privatbesitz
Seite 54: Heribert Hutter, Sammlung Rita Stieger
Seite 55: Privatbesitz
Seite 58: Jolanda Spirig
Seiten 62, 63, 70, 71, 75, 78, 79, 80, 83, 87, 91, 92, 93, 94, 95, 99, 101, 103: Privatbesitz
Seiten 105–120: Akris
Seiten 125, 129: Privatbesitz
Seite 135: Jolanda Spirig
Seite 145: Sam Thomas
Seiten 146, 147: Privatbesitz
Seite 148: Firmenbroschüre 50 Jahre Hugo Dietsche AG, 1992
Seiten 150, 151, 153: Privatbesitz
Seite 157: Sam Thomas
Seite 159: Sammlung Wendel Langenegger
Seite 161: Sam Thomas
Seiten 163, 165: Privatbesitz
Seite 166: Sam Thomas
Seite 169 oben: Archiv der Gemeinde Oberriet
Seite 169 unten: Heribert Hutter, im Bild: Peter Hutter, Sammlung Rita Stieger
Seite 171: Sammlung Benedikt Hutter, Archiv Museum Rothus, Oberriet
Seite 13: Sammlung Wendel Langenegger
Seite 175: Privatbesitz
Seite, 177, 178, 179, oben: Sammlung Wendel Langenegger
Seite 179 unten: Privatbesitz
Seite 180: Sam Thomas
Seite 181: Sam Thomas
Seiten 182, 183, 185, 187: Privatbesitz